幼儿园课程研究
与实践方案丛书

我们的课程故事

——儿童视角与适宜引导

焦 艳 等/著

北京师范大学出版集团
BEIJING NORMAL UNIVERSITY PUBLISHING GROUP
北京师范大学出版社

图书在版编目（CIP）数据

我们的课程故事：儿童视角与适宜引导／焦艳等著.
— 北京 ： 北京师范大学出版社，2021.6（2024.6重印）
ISBN 978-7-303-26869-6

Ⅰ．①我… Ⅱ．①焦… Ⅲ．①故事课－学前教育－教学参考资料 Ⅳ．①G613.3

中国版本图书馆CIP数据核字（2021）第050744号

图书意见反馈　　gaozhifk@bnupg.com　010-58805079
营销中心电话　　010-58802755　58800035

出版发行：北京师范大学出版社　www.bnupg.com
　　　　　北京市西城区新街口外大街12－3号
　　　　　邮政编码：100088
印　　刷：鸿博睿特（天津）印刷科技有限公司
经　　销：全国新华书店
开　　本：787 mm×1092 mm　1/16
印　　张：15
字　　数：230千字
版　　次：2021年6月第1版
印　　次：2024年6月第7次印刷
定　　价：68.00元

策划编辑：罗佩珍　苏丽娅　　责任编辑：朱前前
美术编辑：焦　丽　　　　　　　装帧设计：焦　丽
责任校对：郑淑莉　　　　　　　责任印制：陈　涛　赵　龙

讲课程故事　明儿童立场

一

此前，我曾两次走进深圳宝安区的兴华幼儿园。

清晰地记得，从教学楼二层走出来，呈现于眼前的那片绿草地，开阔平坦，树木成荫。顺着右侧的戏水渠，踏过石子路面，绕过草地半周，面前便是被孩子们称为"花果山"的那座自然真实的山。山上花草丛生，果树繁多，道路蜿蜒，或陡或缓。我不由地惊讶着，这所深圳大都市中的幼儿园，竟拥有如此亲近自然的空间资源。

深深地触动我的，是兴华幼儿园的一区一角、一树一草，随处可见儿童学习的行动印迹，随处有着可圈可点的课程故事。走在园里，随着焦艳园长的引领和讲述，看着、听着，也便不由地被感染着，我分明感受到了充满着儿童气息的"兴华文化"。

或许因见惯了那种精美乃至华丽的园所环境及装饰，兴华幼儿园处处可见孩子们自己的木制、泥塑、涂鸦、标识等作品，稚拙、朴素、简易，乃至粗犷，却也童趣盎然，真实自然，让我备感亲切。犹记得，楼道里的展板上，有孩子们参与绘制的"缤纷节"系列活动，展示着孩子们毕业季的各种活动内容。木工坊里那个"大帆船"，那是选取一个男孩的设计绘图而由孩子们集体动手而制作的作品，船上还写着孩子们的名字。黑板墙上留有为"花果山"的命名孩子们探索和投票的活动痕迹，这是记录过孩子们许多探索活动的一面墙。绿草地上那对并不那么起眼的玩偶式"小青蛙"，曾被孩子们选定为幼儿园的吉祥物并为其起名。

凭着自我的专业直觉与敏感，我愿意相信这是一所具有特定文化品质及课程内涵的幼儿园。于是，在潜意识里，我开始期待兴华幼儿园的课程故事，能够讲给更多的人聆听。

二

正是因为此前的印象，当焦艳园长告知我将要出版这样一本关于兴华幼儿园的课程故事的书时，我着实备感欣喜并饶有兴趣。

该书开篇是兴华幼儿园文化与课程的概述，涉及园所的发展历史和文化旨趣、课程的研究探索和价值立场，这里可见兴华幼儿园以儿童学习与发展为中心的专业理念与思考。而作为本书的主体内容即12个课程故事，则成为兴华幼儿园教育理念及其儿童立场的生动诠释。这一个个真实发生的课程故事，表达着焦艳园长和她的团队秉持基于儿童视角的课程生成意识，也展现了她们为幼儿主动学习而探寻最适宜的支持路径的执着与创新。

从孩子嘴里所问出的"评估是'平平的蘑菇'吗"，引发出孩子们作为幼儿园的小主人为迎接评估的积极准备和有所作为，体现幼儿课程与日常管理工作的生动融合。从阳光下玩影子的游戏中，层层递进地衍生出孩子们对于光影现象的科学探索与作品表征的活动，是践行着自然与游戏是幼儿学习的"活教材"。在"花果山"的命名考察中，孩子们生动地完成了对于"山路"的各种探索，可见有趣的课程总是体现在幼儿与实际环境的充分互动中。大班孩子在毕业季里亲手绘制的幼儿园地图、毕业证书，以及写给园长的一封信等，则充分地表明孩子是具有无限可能的探索者，课程能够给予这种可能以怎样的支持，孩子便会实现怎样的创造与表达。"西红柿炒鸡蛋"的野炊活动里，从"打鸡蛋""切西红柿"到"西红柿炒鸡蛋"，展示了学习与探索任务针对不同年龄幼儿的适宜性提供与支持，并实现着课程与生活的共生共融。"种萝卜"的持续探索，让小班幼儿亲身感知一种植物生命成长变化的过程，并体验付出的坚持和收获的喜悦。中班幼儿围绕"树"的探索，从数量统计、种类认识、高粗测量，到树牌制作，则是生动地呈现了"幼儿园里有多少棵树，便有多少种课程"。

这些课程故事里，孩子们都是作为积极主动的学习者和探索者，而成为故事里的主角和课程的核心，教师的引导乃至环境利用、家长参与等，都无不以最大限度地配合与支持儿童的主动探索而展开。通读这些课程故事，我深深地认同焦艳园长在开篇中所说，"在活动中，幼儿始终是一个充满可能的主动探究者"。这样的课程故事，无疑是讲述"兴华文化"及其课程以儿童为出发点、以儿童为中心这一核心立场的最佳脚本。

本书在结构形式上，以开篇的课程自述及其所坚守价值的理念阐释切入，进而展开一系列课程故事的生动讲述，体现了为读者先提供背景理念再走进实践情境及具体行动的逻辑。无论是课程的理念自述，还是故事的过程实录，其共通的精神实质都是在表达并传递一种关于儿童、关于儿童学习的课程立场与感悟。

三

在人本主义的"质"的研究旨趣下，教育叙事成为实践者经验分享和理念表达的一种实用方式。课程故事，便是一种典型的教育叙事，并在近年来越来越为幼教实践所认同和采用。兴华幼儿园围绕课程故事的探索与尝试，正是这种研究趋势的反映。

所谓课程故事，即课程实践中真实发生和经历的事件及过程。幼儿园的课程故事，一般是由幼儿教师作为课程的践行者或亲历者，讲述在幼儿园组织与开展的幼儿学习、游戏等活动中，真实发生过的事实系列及片段，并表现为在师幼互动中，围绕某一活动主题或学习任务而探究，而呈现遇到问题和解决问题的过程。

当然，讲故事并非只为讲故事。课程故事的意义存在于叙事言语间所载寓的课程理念与专业觉解，并始终融入或贯穿着讲述者的课程立场与教学认知。

本书所收录的课程故事系列，所尝试表达和传递出的是兴华幼儿园课程建设与探索的经验感悟与观念立场，从而完成一种来自实践一线的"发声"与分享，并产生着某种示范性的效应和启发性价值。这样的课程故事对于讲述者而言，必然要历经在自我反思中的专业成长。本书中每一个课程故事后的"感悟"所注解着的，正是兴华幼教人对于自己所持儿童立场和课程意识的觉醒与提升。

故事从来都是诉说文化的最好载体。一所幼儿园能够讲述自己的课程故事，便意味着能讲述自己的文化。坚守儿童中心的价值立场，遵循儿童的成长规律，根植于幼儿生活与现实环境，探寻对于幼儿学习最适宜的课程支持与引导，不断地形成并讲述自己的课程故事，就是在累积和沉淀幼儿园课程的文化品质和专业内涵。

焦艳园长和她的老师们所讲述的课程故事，无疑只是兴华幼儿园课程探索过程中的一个注脚。课程实践在路上，故事也在延续着。

期待并相信，兴华幼儿园的课程故事将更精彩、更生动，故事里的孩子们将更健康、更快乐！

福建师范大学教授
中国学前教育研究会常务理事
全国幼儿游戏与玩具专业委员会副主任
2021年5月

　　焦艳园长请我给她们幼儿园出的课程故事书写序，我想了一下答应了。一来我曾经在宝安区工作过七年多，对兴华幼儿园的历史发展比较了解；二来我对这几年兴华幼儿园在课程改革方面的努力也比较清楚。

　　深圳的学前教育是伴随着特区建设而发展起来的，兴华幼儿园的发展，基本上见证了深圳学前教育发展的重要历史阶段。从建园初的移植内地幼儿园教学方法，主要是学科教学的经验，到参与广东省幼儿园课程研究，将"项目教学"（当时深圳称之为"主题探究活动"）引入幼儿园课程中，再到近些年来借鉴多种课程理论和实践，逐步形成今天的既强调以儿童为本，又强调教师适宜引导的课程。

　　选择用"课程故事"的方式来描述课程，是一个不错的视角。在习惯了将幼儿园课程分解为理念、目标、内容、组织方式等各个要素的思维框架下，课程就会显得很理性。而用幼儿的生活、幼儿生活中的事来解释课程，就会让我们感觉到幼儿园的课程其实是很感性的。

　　我认真看了焦艳园长发给我的若干个活动记录，这让我想起了21世纪初深圳市参与广东省幼儿园课程改革研究的情景。兴华幼儿园刚刚接触"项目教学"时，教师引导幼儿深入研究一些具体问题而做活动记录。那时候，教师往往很强调"三个阶段、五个步骤"，所选择的问题，虽然说考虑幼儿，考虑来自幼儿经历的人、物、事，但大部分是教师认真筛选过的，有许多完全是事先计划好的。但这次所看到的活动记录，结构性就不再如从前那么强，已经不大能看出明显的"三个阶段、五个步骤"了。所选择的问题既有来自幼儿的闲聊话语，也有幼儿游戏中的发现，又有来自教师选择考虑的问题。当然，所有的活动，最终都纳入到教师有计划的安排中，成为教师有计划、有组织学习的一部分。

　　可以看出，今天兴华幼儿园的课程，已经比21世纪初幼儿园课程刚开始改革时先进很多。毕竟，从21世纪初《幼儿园教育指导纲要（试行）》颁布前后的幼儿园课程改革实践，到后来不断接触新的幼儿园课程理论，幼儿园对课程的理解也在不断深入，尤其是《3-6岁儿童学习与发展指南》颁布以后，园长、教师对幼儿的理解，对幼儿学习的理解，尤其是对游戏的理解比过去要深入很多，在此基础上的幼儿园课程一定不再是以往那种单一的只强调某些方面的了。

近年来，"课程游戏化""游戏化课程""儿童视角"等已经成为幼教工作者常用的词汇了，但在"儿童的游戏化学习"理解上还有不小的差异。许多时候，我们还是很注重教师计划安排和组织的学习，而对幼儿自发活动（尤其自主游戏）中的学习、日常生活活动中的学习并不太重视。

如果我们真的认为"一日生活皆课程"的话，那么我们就该认真考虑幼儿在园一天中的所有活动。不仅有教师计划安排组织的活动，而且有幼儿自己选择的活动，既有了解周围环境、操作材料的活动，又有吃喝等生活活动。因此，兴华幼儿园这本书似乎还没有写完，除了已经收集整理的那些活动外，还有那些并没有纳入到教师计划安排组织中的活动，比如积木区中，幼儿自由地搭建；角色区里，幼儿选择扮演某个角色；甚至在户外活动时，幼儿自己独自到草地上观察蚂蚁等。看上去，这些活动似乎难以有教师适宜的引导，其实不然，当教师设置了活动的区域，提供了适宜的材料，就是提供了适应的引导。如果根据情况，教师在适宜的时间加入儿童的活动，或是提出相关的问题、提供有效的建议等，那么对幼儿学习发展就会产生积极的影响。

另外，日常生活中的许多活动也提供了许多学习发展的机会，如幼儿的发现、相互间的交流等。因此，还需要记录并收集那些生活中的事，这也是诠释课程的重要方面。在日常生活中，教师会给予幼儿各种照顾，和他们会有语言和动作的互动，这些都会给幼儿带来温暖的体验，这些也都是课程。

如果说"每个儿童都是值得诉说的故事"的话，那么个体幼儿的记录应当也是"课程故事"的重要内容。所以，这本书还要继续往下写，要收集整理那些零星的、片断的儿童个体的活动记录，记录教师在幼儿个体活动时所说的和所做的。在这些记录中可以看到教师对幼儿个体差异的尊重，看到教师根据幼儿个体差异所提供的适宜引导。

当然，教师们已经习惯于记录计划性的，或有组织的活动，对于幼儿自发选择的活动，尤其是那些自由选择的游戏，教师的记录是比较困难的，而要在日常生活中记录幼儿的活动，可能更加困难。但我认为，如果我们真要完整地诠释课程，那么就应当做这样的尝试。只有这样，才能让别人看到兴华幼儿园课程的全部。

也许我的要求高了，但我想焦艳园长是会同意我的观点的。

深圳市教育科学研究院　刘　华
2021年5月

随着国家、社会对学前教育事业的进一步关注和重视，深圳市迎来了全新的学前教育改革局面。2016年，兴华幼儿园当时恰恰处在宝安区学前教育改革发展的重要时期，从独一园所到一园五址的园所发展格局变化，使得幼儿园对"好的课程"的需求显得更加迫切。

前几年在幼儿园谈"课程"，我觉得需要莫大的勇气才能在"风来风去"的课程百态中葆有自我。不论是自上而下还是自下而上，每一个课程都让幼儿园花了大量精力去引进、去学习、去融合、去寻找在幼儿园生根发芽的触点。然而，往往在最初的"热情"之后，大部分幼儿园课程建设的进展并非能一帆风顺。我们不讳言当下的幼儿园课程改革存在泥沙俱下的现况，也坚信面对这种"风中凌乱"的局面，更加有必要把这些生根于兴华园所文化、反映教师教育智慧的课程故事，真正讲出来、传播出去，告诉大家我们的立场、我们的态度和我们一直前进的方向。《我们的课程故事：儿童视角与适宜引导》的构想由此产生。

本书共有两部分。第一部分是绪论，主要概述了"兴华课程"的发展历程、取向和内涵，这是故事发生的土壤和先机。我们认为，讲好兴华故事，有必要尽量清晰地告诉读者我们关于课程的所思所想，以便大家更好地理解故事的发展线索。第二部分由12个故事组成。这些故事有的源自对课程预设主题的深入探究，有的源自对共同生活中随机事件的关注，也有的源自幼儿的兴趣和好奇的探索，整体上呈现了兴华课程"预设的点、探究的线和生成的面"三者之间的融通状态。"故事感悟"是我们从观察者、记录者、反思者的角度出发，对儿童、对教师、对课程、对教育的思考，是真正受触动的内心表达，也可以算是作为叙事者自身对故事的直接感受。

本书由兴华幼儿园教研团队主笔完成。全书的写作分工安排如下。全书统筹构思及绪论撰写：焦艳；案例观察记录、课程故事撰写：赵媛、张秀丽、朱海燕、凌晓楠、黄艺林；全书统稿与修改：焦艳、赵媛；全书校对：赵媛、朱海燕、凌晓楠。

好的课程本质属性是适宜性。课程构建本身是大浪淘沙的过程，因为课程中的人物永远是鲜活的。流行的不一定是错的，传统的也不一定是对的，但"适宜的"一定才是最合适的。在追求教育质量的当下，时代最终会有自净作用。我们希望本书可以为同为学前教育事业道路上的前行者提供一些有价值的思考，也希望以此督促我们以更加敬畏的态度，更有责任感、使命感地对待儿童、对待教育、对待我们为之奋斗终生的幼教事业。

焦　艳

2021年5月

目　录
CONTENTS

绪　论

课程是什么？它是幼儿园培养和促进幼儿发展的重要载体，一所幼儿园对个体的影响主要是由教师通过课程来实现的。许多对课程的感性描述更容易令人产生共鸣——"眼睛看得见儿童，就找得到课程""课程是老师馈赠给孩子最好的礼物""老师和孩子在一起，课程就开始了""课程是孩子通向'更好的自己'的各式各样的路径"……

洛朗·理查森曾说："人们可以通过叙事'理解'世界，也可以通过叙事'讲述'世界。"在兴华幼儿园，每个孩子都是值得被诉说的故事。我们想细细讲述兴华幼儿园的文化与课程，选择用"课程故事"的形式，正是希望通过一个个鲜活、生动的故事，向外界提供了解兴华幼儿园和向别人讲述我们对课程、对幼儿的了解方式。这些故事使读者能够理解我们理解的"课程"是什么、我们坚持的方向是什么，以及我们正将幼儿引领向何处。

一、关于"兴华幼儿园"

深圳市宝安区兴华幼儿园创办于1988年，是隶属于宝安区教育局管辖的一所全日制公办幼儿园。经过32年的建设和发展，幼儿园从最初的独一园所发展到目前的一园五址（兴华总园、勤诚达分园、上合花园分园、紫云分园、新安湖分园），是首批广东省一级幼儿园、省级示范性教师教育实践基地、深圳市优质特色示范幼儿园、深圳市2017年度最受欢迎幼儿园。可以说，兴华幼儿园是深圳市、宝安区学前教育发展的窗口与旗帜。

在深圳这个大都市，兴华幼儿园有着许许多多和其他幼儿园不一样的地方：它是深圳市占地面积最大的公办幼儿园（园所占地面积9380 m²）；它的户外活动面积最大（7324 m²）、教学班最多（共有21个教学班）、在园幼儿人数最多（727名幼儿）、教职工队伍庞大（120名教职工）；它有一座真实的自然山（"花果山"）、有各种各样的花草树木……办园历史悠久是兴华园发展的优势，它足以傲视很多缺少历史沉淀的园所；自然资源丰富更是兴华幼儿园发展的张力，让园所在课程纷杂的当下走得坚定而从容。

二、关于"兴华文化"

余秋雨先生为"文化"下了这样的定义："文化，是一种成为习惯的精神价值和生活方式。它的最终成果，是集体人格。"[1]文化是幼儿园的办园之魂。一所幼儿园稳步成长的土壤，就是文化。兴华幼儿园的园所名称来源是十分有趣的：幼儿园位于兴华二路，因此取名为"兴华幼儿园"。可见，一个园所的文化发展，也许一开始并不是有意而为。事实上，许多文化的形成都是一种"滞后的总结"。

2015年11月，我担任兴华幼儿园的第四任园长后，便开始寻找这所幼儿园发展历史的悠悠文脉。多年的沉淀，兴华幼儿园将"立德"作为教育的起点，追寻师生生命恣意绽放的状态。这种绽放是基于对幼儿、教师的生命极大尊重，旨在促使个体生命得到极大发展的一种状态。是对人的发展的一种美好状态的追求。于是，我们将"兴华"的文化进行了高度凝练的表述："兴兴立德、灼灼其华"——兴：起兴。《左传·襄公二十四年》有言，"太上有立德，其次有立功，其次有立言，虽久不废，此之谓不朽"；《诗经·桃夭》所描述的美好状态——"桃之夭夭，灼灼其华"，正呼应了兴华人对生命恣意绽放的美好样态的终极追寻。"兴华文化"由此开始有了更具体的模样。

在这种文化引领下，兴华幼儿园"尊重生命，自然成长"的办园理念就更容易理解了："尊重"为始，"生命"为先，"自然"为道，"成长"为终。

"尊重生命"是指对幼儿、教师、家长个体差异的尊重与接纳，主要有三点：一是尊重不同年龄幼儿发展特点、发展需求以及学习特点，强调幼儿游戏和自主学习的重要性；二是尊重不同教师的成长规律和成长需求，强调教师在幼儿发展过程中的陪伴质量和适宜引导；三是尊重不同家长的教育背景、重视幼儿园与家庭的协同互动、重视幼儿园教育与家庭教育的关系连接。

"自然成长"是方法、也是目标。以"自然"为道，这是基于我们对兴华幼儿园得天独厚的自然资源的考虑，也是基于我们对大自然和自然教育理论的理解与认识。一方面，幼儿的身心发展有其自然规律，教育应当顺应幼儿的天性，尊重幼儿的自然禀赋及成长的自然法则，顺应自然，因性而教。另一方面，以"自然"为师，提倡天性本能的释放，让幼儿在自然中亲身体验、在自主探究中形成自己对世界的认知、实现个体生命与自然的有效联结。而以自然为道的根本目的就是促进幼儿获得发展，在幼儿获得发展的过程中实现家园的持续发展。

根据我们所定义的兴华文化和园所理念，我们开始了重新一轮的园所发展脉络梳理，在课程构建方面进行了大胆的调适和重构，开展了一系列基于园所资源的自然课程探

1　余秋雨：《中国文化课》，23页，北京，中国青年出版社，2019。

索，并逐渐形成了基础性课程、活动性课程及特色性课程（项目）三位一体的兴华课程。

三、关于"兴华课程"

如果说文化是魂，课程则是铸造园所精神文化的内核。我们有着许多对"课程"的理性界定或感性描述，但不约而同地，每一种都指向了更好地促进幼儿发展。课程是促进幼儿发展的关键因素和重要载体，好的课程承载着幼儿的童年生活，幼儿在这种生活中发生着与教师、同伴的交往，发生着与环境、与事物的相互作用，从而获得多样化的经验，并逐渐形成自己独特的人格。虞永平教授提出："幼儿园课程是幼儿在教师创设的环境中，在教师支持、引导和鼓励下获得各种经验的过程。"也就是说，幼儿园课程应该属于经验，课程的构建应当是回归经验的过程。"兴华课程"便是立足于"儿童中心"，对课程回归生活、回归自然的大胆探索。

课程理念是联系课程各要素的重要纽带。总的来说，"兴华课程"的理念可以凝结为"幼儿为本、自主建构、适宜引导、更好发展"十六字。这是从兴华幼儿园32年办园实践中传承发展而来，也是全体兴华人的思想观念、精神向往和理想追求。"兴华课程"的构建和发展大致经历了四个阶段。

1. 起始阶段：分科课程的教学实践（1988—1998年）

1988—1998年，兴华园课程建设主要以学科课程研究为主，以学科教材为教学参考材料，这是学科课程建构的起始阶段。这十年也是兴华幼儿园根据园情，开始以学科领域核心经验教学导向的小班、中班、大班三个年级循环教学的实践过程。

2. 奠基、发展阶段：主题探究的活动课程（1998—2011年）

基于《幼儿园教育指导纲要（试行）》实施的背景，兴华幼儿园开展了"主题探究活动"，以"主题"为抓手进行课程内容研究和开发。这也是兴华幼儿园课程建设的奠基、发展时期。此阶段研究形成了《兴华幼儿园主题探究活动实例》等丰富的成果，并在此基础上开始了园本主题活动实施的探索和实践。

3. 完善阶段：课程体系的完整构建（2011—2015年）

2011年，幼儿园申报中国学前教育研究会"十二五"研究课题，以"广东客家人传统节日习俗的教育活动研究"为切入点，开始梳理"主题探究"的课程系统内容，将大量的实践案例进行系统的整合、提炼。此阶段课程构建突出强调"幼儿是主动的、有能力的学习者"，强调"体验"与"生活"相融的核心理念，围绕"问题"进行研究和探讨，逐步建立起完善的主题课程目标、课程内容及课程实施的课程方案体系，形成了具有园本特色的"节日主题探究课程"，并编制出版《探究节日、体验生活——中华传统节日主题探究活动方案》，为后续课程建设中"基础性课程"打下重要基础。

4. 深化阶段：强化基础课程网络与凸显园本特色探索（2016年至今）

此阶段"兴华课程"的建构，是在传承基础上对回归生活、回归经验的课程的再思考、再发展、再建构的过程。2016年1月，区委区政府、区教育局成立"宝安幼教集团"。作为集团总园、第一幼儿园，兴华幼儿园的分园先后开园。随着分园的开设，我们的课程探索思路发生了新的突破和质变：纵向深化方面，进一步厘清了对儿童（个体生命的追求）的发展脉络，在总园和分园间建立起"一种具有可复制、可推广、结构化、能保障幼儿园一日生活质量"的基础课程网络，这种课程是一种遵守国家教育方针、面向全体幼儿、保障基本一日生活质量、保证规范教育、各园区共享共用的基础性课程；横向调适方面，重新思考资源条件产生的差异，基于儿童视角进一步完善园本特色课程（如兴华园的自然课程、勤诚达分园的创意线描美术课程、上合花园分园的艺术表达课程）。这种既基于儿童视角的共性，又有资源差异的独特性的课程（项目），我们称为"兴华课程"。

四、关于"儿童视角"与"适宜引导"

1. 课程中的幼儿

有人说，每一个幼儿身上都潜藏着他独特的精神、心灵和智慧的力量。教育便是通过课程使儿童在教育的过程中以完整、独特的个性展示自己。"以幼儿为本"——这是兴华课程的出发点和归宿点。以"幼儿为本"，促使我们不断地去认识幼儿、了解幼儿、遵循幼儿的身心发展规律；也不断提醒我们在课程实施的过程中时刻关注幼儿的兴趣和感受、考虑幼儿的需求和想法、以幼儿为主体，在尊重其天性和规律的前提下更好地发挥其学习的主动性。从我们的故事中可以看到一群充满可能性和不确定性的幼儿：他们不一定"乖巧"，但自由自在、灵动而美好。"自信大方、友好相处、善于探索、热爱艺术、学会生活"，这是兴华幼儿的特质，也是兴华课程所追求的目标。

2. 课程中的教师

教师和幼儿在一起，课程就开始了。在幼儿学习的过程中，教师的角色起了关键作用。是强调灌输、整齐划一，还是倾听、接纳、认同？这是影响幼儿持续学习的重要因素。事实上，从某种程度来说"教比学更难"。我们认为，"好的教师"并非一定拥有丰富的知识储备和优秀的教育教学技巧，而是他能让幼儿实现真正"自由地学习"。因为在幼儿园里，好的教学必须是充满乐趣、好奇、让人兴奋的，教师要做的就是让幼儿在其中学会怎样学习、怎样思考，通过这种精神的涵养，让当下和未来更接近我们所期许的"更好的自己"。

兴华教师，是一个有情感、有态度、不一定完美，却一直在追求完美的群体。在兴华课程中，我们强调教师在幼儿学习和发展中的"适宜引导"之关键。"适宜引导"是将教师的关注点从"教师怎么教"逐步转移到关注"幼儿怎么学"上；强调教师要在观察、倾听、了解幼儿当下的兴趣、感受和需求的基础上，将以往"引领者""决策者"的身份转变为"陪伴者""发现者""支持者""帮助者"，为幼儿发展提供支架。只有成为幼儿，才会懂幼儿。只有当教师开始理解幼儿的感受并做出合适的回应，有意义的学习才可能真正发生。

五、关于课程中的价值坚守

有什么样的价值取向，就会有与之对应的教育行为与方法，而这些行为与方法，会回应幼儿园"培养什么样的幼儿""如何促进幼儿发展"等问题。

1. 环境是学习的基本载体

环境是幼儿的"第三位老师"，也是幼儿学习的基本载体。我们在"环境是重要的课程资源"的基础上对学习环境赋予了更延展的价值：它是课程资源，更是有意义的学习发展的载体。幼儿是通过与环境、材料的积极互动建构起自己对外部世界的认识的。他们往往以一种综合了游戏、观察、操作和交往等的方式，在自己有限的知识经验条件下，对周围环境发生极大的探索兴趣。可以说，一个精心创设的、有准备的环境是支持幼儿社会互动、探索与学习的"容器"，它既是实施教育的途径，又是幼儿获取经验的来源。

2. 游戏是学习的主要方式

游戏是幼儿的天性。游戏是幼儿的一项基本活动，是幼儿发展的核心力量——这已经成为业内共识。在以游戏为中心的幼儿园课程中，游戏不仅是幼儿发展的一个方面，而且是幼儿发展的源泉。游戏为幼儿学习提供了亲身体验、动手操作、自由想象的机会。通过游戏，幼儿可以学习社会互动的规则、培养社会能力、练习自律、采纳他人的人格、尝试他人的角色，在学到大量更具概括性的技巧的同时，还可以在游戏中习得解决问题的能力和更为积极的态度。游戏的特点与幼儿身心发展特点的"天然默契"，能够有效推动幼儿获得发展，这也是教师主导的教学活动无法企及的。

3. 一日生活皆具教育意义

教育家陶行知认为，生活是教育的出发点和归宿点，有生活才有教育，为生活的教育才是真教育。对幼儿而言，大部分的学习不是系统、正规的集体教育，而是生活化、游戏化的教育活动，就是一日生活本身。幼儿一日生活是幼儿园课程的存在性背景，也是幼儿园课程内容的选择范围。一日生活中的每一个环节都具有教育意义和价值，课程的实施应当从幼儿发展的现实出发，加以充分组织和利用，使之朝着可能的、有意义的方向发展。

4. 家长是重要的课程资源

我们都知道，家长是幼儿的第一任教师、家庭是幼儿的第一所学校，幼儿年龄越小，越有赖于良好的亲子关系、教养方式。课程并不是单纯只在幼儿园进行，也不单纯发生在教师与幼儿之间，良好的家园合力是推动课程深入、深化发展的有利因素。因此，我们在课程建设的过程中注重为家长开拓进入真实教育场域的有效路径，促使家长从课程"旁观者"的角色逐步进入到课程"建构者"的角色。让家长从意识上就认识到参与幼儿园课程活动是自己一份应尽的责任，积极参与到幼儿园课程建设中来，真正成为课程建设者之一，从而进一步打开家园合作的新思路，丰富家园共育的新内涵。

～ 种萝卜 ～

班　　级：小二班

持续时间：2018年10月—2019年2月

故事缘起

　　一天，当餐后散步走到光秃秃的菜地时，楠楠突然问："老师，小白菜拔掉了，菜地里没菜了，我们要种什么菜呢？"

　　老师问："你们想种什么菜？"

　　依依说："我妈妈有萝卜种子，我们可以种萝卜吗？"

　　老师问："种萝卜，你们同意吗？"

　　孩子们欢呼着说："好！"

　　老师说："行，那我们就种萝卜吧。"

　　下午离园时，老师跟依依的妈妈提起萝卜种子的事情，请她明天提醒依依带些种子过来。

10月12日　撒种子

　　第二天，依依从家里带来了萝卜种子。大家好奇地围着依依观察种子，有的还忍不住摸了摸、闻了闻："它看起来黑黑的，小小的。""扁扁的、长长的，有点像芝麻。""有点硬硬的。"……

　　乔羽疑惑地问："这么小的种子真的能长出萝卜吗？"星怡回过头回答说："当然可以啦，白菜的种子也很小，我们也种出了白菜。"

　　老师问："现在已经有了萝卜种子，怎么种呢？"

　　星星想了一会儿，说："我觉得把它全部倒在菜地里就行了。"

　　瑞瑞不同意，说："要先浇水，把泥打湿了才可以把种子种下去。"

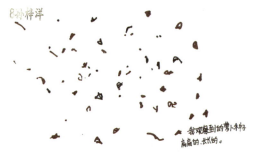

图1-1 表征：《扁扁的、长长的种子》   图1-2 撒种子

依依说："不是的，我妈妈说要先挖好洞洞才可以（把种子放进去）。"

思涵问："老师，我们可以帮忙撒种子吗？"

老师说："当然可以，但是撒种子之前我们要先翻翻地、松松土，这样种子才容易发芽和生长。"

翻土对小班的孩子来说难度较大，我们请了花匠杨伯伯帮忙翻地、松土。翻完地后，老师给每个孩子都发了一些种子。有的孩子直接把种子撒在地里；有的孩子蹲在地上先用小铲子挖了几个小洞洞，然后小心翼翼地把种子埋进去。

大家都把种子种了下去，小小的种子承载着孩子们大大的期望。对种子的观察和感受让他们更加好奇小种子是如何长成大萝卜的。

10月19日 焦灼的等待

一周过去了，看到隔壁小四班种植的菠菜苗已经长出来了，孩子们有些心急地问："老师，为什么我们的萝卜还没有长出来？"

柏熹猜测说："是不是天气太热了，萝卜都不长大？"

安容觉得跟天气没有关系，她说："种子是不是坏的？"

依依一听立即反驳道："不可能，我妈妈买的种子都是好的。"

蹲在旁边的乔羽用手摸摸地里的土，说："可能是我们没有浇水。"安容连忙回答："不是的，我和嘉怡昨天一起浇水了。"嘉怡也点头回应："对，我们浇水了。"

乔羽问："那怎么地还是干干的？"

柏熹说："可能是浇水太少了。"

"那怎么办呢？"老师佯装焦急地问道。乔羽和安容马上建议每天都来浇水。

老师说："好办法，你们可以利用早操前的时间给萝卜浇水。负责浇水的小朋友要

图1-3　围观菜地讨论　　　　　　　　　　　　图1-4　给菜地浇水

每天汇报一下萝卜的情况。"从此，每天早早来园的孩子第一件"大事"就是去菜地给萝卜浇水。

虽然只是短短的一周，但对孩子们来说尤其漫长。萝卜迟迟不见"踪影"，他们逐渐失去了耐心。为了安抚孩子们焦急的情绪，老师与他们一起讨论问题发生的原因并商量解决办法，转移注意力、化解他们的焦虑。

10月24日　是萝卜苗还是草？

五天后，菜地里终于冒出一点点绿色的小芽。早上，嘉怡和允浩给萝卜浇水的时候发现地里冒出了些许青绿色的芽儿，回到教室便迫不及待地跟大家分享："萝卜长出来了！"

1. 是萝卜苗还是草？

户外活动时，大家来到菜地里看新长出来的萝卜苗。萝卜苗刚刚长出来一点点，看起来又像草又像其他青菜，有的孩子不清楚这到底是不是萝卜苗。

龙龙轻轻地拨动了一下萝卜芽，盯着看了一会儿说："这个不是萝卜，是青菜，我们种的不是萝卜是青菜。"

允浩凑近看了看，斩钉截铁地说："老师，这是菜叶子，不是萝卜。"

乔羽摆摆手说："它跟我们之前的菜不一样，不是青菜，是小草。"

嘉怡也疑惑了："这是绿色的叶子，萝卜是白色的。"

"这是萝卜的芽，不是小草，等它长大了才会有萝卜。"依依家里也在种萝卜，明显比其他孩子有经验。

图1-5 菜地里终于冒出一点点绿色的小芽　　　　　图1-6 是萝卜苗还是草？

到底是萝卜苗还是小草？刚刚冒出的小芽不好分辨，再等一等，或许他们可以有新发现。于是，老师提议："现在新芽太小了看不出来，我们等它们长大一点再看看是不是萝卜苗。"

10月31日 原来是萝卜苗呀！

又过了一周，新芽长高了许多。孩子们一边观察一边讨论。嘉怡说："它的叶子好嫩，用手轻轻碰一下就断了。"

允浩说："菜地里好多这种叶子，绿绿的，我觉得它是萝卜，可是我没有看到萝卜。"

乔羽说："比上次的长高了，可是萝卜还没有长出来。"

柏熹说："我觉得是萝卜的叶子，叶子长大了就能长出萝卜了。"

星怡和子杰拔起一株萝卜苗左看右看，一点萝卜的影子都没看到。星怡说："我仔细看了，它不是小草也不是萝卜苗，我没有看到萝卜。"

究竟是萝卜还是小草呢？回到教室，老师给孩子们播放了一段萝卜生长过程的视频。看完视频，孩子们对"萝卜是怎么长出来的"有了大概了解，原来萝卜种子要经过发芽、长绿叶子，慢慢地才会长出萝卜。菜地里绿绿的菜苗正是萝卜苗。埋在地下的萝卜还需要一段时间才能长出来。

柏熹恍然大悟："原来萝卜是长在地下的呀！"

小班孩子对萝卜生长的认知还停留在粗浅的表面。当他们看到绿绿的萝卜苗和平时自己见过的萝卜形象对不上号时，便产生了无数疑惑。老师给予了他们对萝卜的直观认知，下一个等待的阶段也变得有趣了。

图1-7　萝卜在哪里？

图1-8　观看萝卜生长过程的视频

11月15日　又有新发现

一周后，萝卜苗长得越发茂盛。由于撒种子的时候老师没有刻意提醒孩子们留出合适的间距，菜地里长出来的萝卜苗挤在了一起，有些萝卜苗长得大，有些萝卜苗长得小。这引起了孩子们的又一次讨论。

瑞瑞说："为什么有些萝卜苗长得大，有些长得小呢？"允浩指着几株大大的萝卜苗说："因为这些大的萝卜苗喝了很多水，所以它们大。"

星怡似乎同意允浩的说法，看着小萝卜苗说："小的萝卜苗好挑食。"

乔羽好奇地问花匠杨伯伯："杨伯伯，这里的萝卜叶子这么多，是不是萝卜也长得最多？"

杨伯伯笑着摇摇头："不一定哦。萝卜苗长得太密集，萝卜可能就长不出来了。"依依立马想起了之前种白菜的经验，说："上次我们种白菜拔掉了一些，后来白菜就长大了。"

柏熹非常赞同依依的观点，说："是啊！萝卜要有很大的地方才能长大。"显然，这个观点得到了大部分人的认可。嘉怡说："电视（视频）里的萝卜苗也是一棵一棵分开的。"

老师点点头："嗯，这个方法叫'间苗'，萝卜苗长得太密集会让萝卜没有足够的生长空间，我们试试把多余的萝卜苗拔掉。"在老师的指导下，孩子们拔掉了一些过于密集的萝卜苗。老师把拔回来的萝卜苗煮成了汤和大家一起分享。

乔羽端着汤感叹道："原来萝卜的叶子也可以吃呀！"

依依和嘉怡默契地回应说："萝卜苗的汤还有点甜，好好喝。"

因为妈妈常常在家种菜，所以依依的种植经验相比其他孩子要丰富些，看到长得

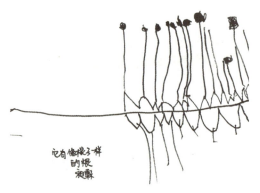

它有像根子一样
的根
昶琳

图1-9　表征:《萝卜苗》(1)

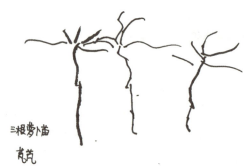

三根萝卜苗
肖芃

图1-10　表征:《萝卜苗》(2)

图1-11　洗萝卜苗

图1-12　煮萝卜苗汤

密密麻麻的萝卜苗，自然地把之前菜地种小白菜的经验迁移到了种萝卜上。发现"萝卜苗可以吃"，并且亲自品尝了自己种下的萝卜苗，让这些经验尚浅的"小菜农们"慢慢地体验到了种植的乐趣。

11月20日　萝卜吃什么?

看着其他班级菜地的青菜都长大了，但是自己班的萝卜还是不见踪影，孩子们的焦虑情绪又上来了。

涵涵问："老师，我们给萝卜浇水了，还拔了萝卜苗，怎么萝卜还没有长出来呢？"

老师说："是不是忘了什么事？我们去问问杨伯伯。"

孩子们来到菜地问杨伯伯萝卜长得慢的原因。杨伯伯说："你们还没有给萝卜施肥，所以它长得慢。"

允浩问："什么是施肥呀？"

杨伯伯说："施肥就是把萝卜需要的肥料撒在萝卜地里。"

孩子们异口同声追问道："什么是肥料呀？"

杨伯伯回答说："萝卜长大需要营养。肥料就是它们生长需要的营养，有有机肥和无机肥两种肥料。其实人的尿也是一种很好的肥料哦！"

乔羽哈哈大笑："啊？尿尿啊！那不是很臭吗？"听完乔羽的话，孩子们哈哈笑成一团。

瑞瑞问："那萝卜还能吃吗？"

当孩子问到"浇了尿的萝卜还能不能吃"这个问题时，老师也很矛盾。到底需不需要孩子经历一次"人工肥"的体验呢？经过讨论，我们决定让孩子了解这个过程。在杨伯伯的帮助下，老师收集了孩子的尿放在菜地旁的肥料桶里发酵了两天。施肥当天，大家都围过去看老师用尿给萝卜施肥。

"很臭，哈哈！""尿变成肥料了呢！""尿真的能让萝卜快快长大吗？""萝卜不会变成臭臭的吧？"孩子们心中有无数疑问。借着"施肥"的契机，老师请他们回家通过阅读书籍、查找资料的办法，和爸爸妈妈一起再次了解给植物施肥的方法和过程。

图1-13　杨伯伯向孩子们解释"施肥"

图1-14　围观老师施肥

12月5日　不速之客：捉虫子

这天早上，依依开心地过来告诉老师："我看到萝卜了！"萝卜长出来了，这个消息让大家十分兴奋。餐后，老师带着大家来到菜地看萝卜的长势。

乔羽第一个兴奋地说："原来尿真的有用，萝卜吃完肥料真的长出来了。"

瑞瑞用手轻轻拨开萝卜的叶子，露出了一点点萝卜的根："萝卜真的长出来了，也没有臭臭的味道。"

依依感叹道："原来还可以这样给萝卜施肥呢。"大家兴奋地聊了起来。程成轻拨着萝卜的叶子，发现有些叶子上出现了很多小洞洞，还有一条小虫子！

程成惊呼："啊，这里有一条虫子，快看！"他的发现马上吸引了大家的注意力。孩子们立马拥上来："在哪里？在哪里？""哎呀，我看见了！""这是什么虫子啊？""它怎么爬到叶子上的？"

图1-15　表征：《青菜虫》

图1-16　表征：《捉虫》

老师也不禁凑上前来，只见一条虫子一动不动地趴在叶子上。旁边在打理草地的杨伯伯过来给大家解答了疑惑："这个虫子叫蚜虫，是萝卜苗上常常出现的一种害虫。"

瑞瑞焦急地问："那怎么办？萝卜会死掉吗？"

乔羽找来一根小木棍，把虫子从叶子上挑了出来，"赶"出了菜地。"我们把虫子赶走就行了！像我这样。"柏熹、安容和允浩听了，也纷纷找来小木棍开始找虫子。

"赶出来的虫子会不会再爬回去？"星怡担心地问。

"那我们用袋子把它装着，丢到垃圾桶里。"依依和程成觉得这个建议不错，大家分头拿来小袋子。每天来看看菜地的萝卜苗有没有虫子，又成了大家关注的焦点。

寒假小插曲

寒假很快到了。马上就要放假，但是萝卜还没有长大，孩子们担忧起来："放假了谁能帮忙照顾萝卜呢？"趁着放假前的最后一次晨谈，老师和孩子们围绕怎么安置萝卜进行了讨论。考虑到寒假孩子都要回家过年或者出去旅游，大家决定拜托花匠杨伯伯帮忙照看萝卜。

放假期间，孩子们常常会在班级群里问起萝卜的生长情况："萝卜还在不在？""萝卜熟了没？""有没有人帮忙捉虫子？"……孩子们心里一直惦记着自己亲手种下的萝卜。

2月6日　拔萝卜啦！

1. 拔萝卜

终于开学了，孩子们入园第一天就迫不及待去菜地看萝卜。萝卜已经长大并钻出了地面，露出了明显的"萝卜根"。大家手舞足蹈欢呼起来："萝卜真的长大了！"

依依忍不住想拔萝卜了，心急地说："老师，我们可以拔萝卜了吗？"

乔羽马上附和："是啊是啊，萝卜都长得像地球一样大了！"

老师问："我们怎么判断萝卜是不是足够成熟可以拔了呢？"

柏熹和嘉怡立马想到了杨伯伯："去问问杨伯伯就知道了！"

他们开心地请来了杨伯伯。杨伯伯用手拨开萝卜叶，指着露出的萝卜说："你们看，我们可以根据长出地面的这部分萝卜的大小来判断。长到这样大小的萝卜就可以拔了。"

听到杨伯伯说可以拔萝卜，大家立刻动起手来，瑞瑞和柏熹还唱起来："嘿呦嘿呦拔萝卜……"

允浩用手抓住萝卜的叶子，用力一拔，不料用力过猛，一屁股坐到了地上："哎呀，我的萝卜叶子断了，我拔不出来。"老师递给他一个小铲子，说："你可以用铲子先把旁边的土松一松。"

依依和嘉怡拔得相当顺利，她们都拔出来了一个萝卜。

图1-17　画作：《拔萝卜》（1）　　　　图1-18　画作：《拔萝卜》（2）

2. 和想象中不一样的萝卜

看着依依手里拔出来的萝卜，大家惊喜又惊讶："咦，萝卜为什么是绿色的？""为什么不是白萝卜？""是不是萝卜没长好？""怎么是圆圆的萝卜，不是长长的萝卜？"

星怡问杨伯伯："这萝卜怎么是圆圆的，绿绿的，不是白白的萝卜呀？"

杨伯伯说："这和白萝卜是不一样的品种，这个萝卜叫'心里美'。形状是圆圆的，外皮是绿色的，但是里面是红色的哦！"

"啊！原来还有不同的萝卜呀！"大家恍然大悟。大家陆陆续续拔完了萝卜，每个人都收获了一个亲手种植的萝卜，离园时依然难掩喜悦之情，见到谁都高高举起自己手中的萝卜说："快看，这是我种的萝卜！"

萝卜的丰收让几个月来漫长的等待、辛勤的劳动和假期的牵挂获得了相当丰厚的"回报"。这次成功的种植体验让大家收获颇丰。

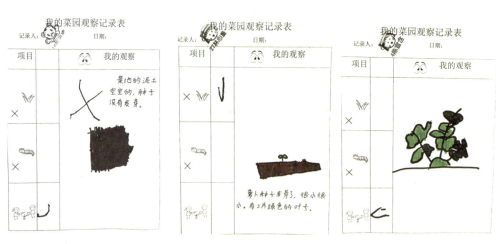

图1-19　10月19日光秃秃的菜地　　图1-20　11月8日萝卜种子发芽了　　图1-21　2月6日萝卜成熟了

图1-22　讨论分享不同的萝卜

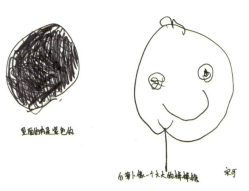

图1-23　幼儿对"心里美"萝卜的表征

图1-24　幼儿对胡萝卜的表征　　　　图1-25　幼儿对白萝卜的表征

2月7日　萝卜的味道

　　每个人都带了一个萝卜回家做成菜品尝。晨会时，老师和大家分享了自己做的萝卜的味道。

　　老师说："我把萝卜切成丝，用一点点糖拌萝卜，甜甜辣辣的，很好吃。"

　　依依说："我妈妈做了萝卜炒肉，好好吃。"

　　嘉怡和乔羽的吃法都是萝卜炖汤："用萝卜和排骨炖汤，也是甜甜的。"

　　子杰说："我和我爸爸把萝卜洗洗干净就直接吃了，脆脆的，像吃水果一样。"

　　依依还带来了妈妈用剩下的萝卜茎叶做的生长瓶，依依告诉大家："我妈妈说，萝卜的叶子摘掉了，但是泡在水里还可以长出新的叶子哦！"……

　　由一粒小小的、黑黑的种子到一道萝卜做成的菜肴，孩子们的脸上始终挂着喜悦的笑容。依依带来的生长观察瓶，又成为孩子们的新关注点：萝卜的叶子会不会重新长出来呢？

图1-26　洗萝卜　　　　　　　　图1-27　分享萝卜的味道

故事感悟

　　种植活动是孩子真实感受、亲自参与的一种体验活动。在兴华课程中很重要的一点是，让孩子在大自然中用眼睛、耳朵、身体感知世界。

　　从一颗种子到一颗果实，这是对植物生长神奇变化的最直接的认知和体验。萝卜的生长需要阳光、土壤、空气和水，虽然这些知识看起来简单又日常，但是通过种植体验，孩子逐渐了解我们的日常食物源自大自然、源自劳动，这是最直接、最有效的途径。"种萝卜"的过程，孩子亲手种植、亲自养护，教师的高度关注和充分支持，让漫长的四个月充满了各种可能。他们对萝卜到达餐桌之前所经历的整个过程的充分参与和感受，让最后的"食物收获感"也充满了大大的意义。对我们来说，让孩子亲历种植过程的意义就在于此：做真实的劳动、吃真正的食物、解决真正的问题，最终和大自然建立真实、亲密的联系。

～ 你好，我的幼儿园 ～

班　　级：小班

持续时间：2019年9月3—28日

9月，我们迎来了一张张新鲜的面孔。对于新入园的小班孩子，他们刚刚离开父母、离开家庭进入一个全新的环境，开启一段全新的旅程。幼儿园是陌生的，"不适应"是家常便饭，入园适应是9月的重任。每年的此时，我们总会想方设法让孩子们感受到：这是一所好玩有趣的幼儿园，这里也像家里一般温馨，还有一群很爱他们、会一直陪伴他们度过三年快乐时光的老师。

9月3—7日　你好，我的幼儿园

为了让孩子们尽快适应幼儿园生活，开学第一周，我们以入园过渡周的方式，帮助孩子慢慢建立对幼儿园人、事、物的初步印象，帮助他们在幼儿园找到安全感，缓解初入园的分离焦虑情绪。

这一周，从父母陪同入园到独立入园、不在园吃早午餐到在园用餐、不午睡到在园午睡；在园时长由两小时延长到半天；从一声友好的打招呼开始，让孩子们逐渐熟悉幼儿园的生活。采用这种渐进式入园的方式，其实是想给孩子们足够的适应时间，让他们对幼儿园的环境和生活节奏有一个渐进适应的过程，从而帮助他们从生理和心理上做好进入幼儿园的准备。一周的时间，幼儿园从一个完全陌生的地方变成了另一个有点"温馨的、好玩的"地方。

图2-1　家长陪同入园

图2-2　孩子们独立在园

图2-3　孩子们在园吃午饭

图2-4　孩子们在园午睡

9月10日　我一来幼儿园就想哭

入园的哭喊声渐渐消减了一些，即便入园的时候哭闹再厉害，一般也都能在晨会前后平静下来。不过也会有些节奏特别的孩子，比如梓玮。第一周来园，他每天都高高兴兴，有时候还主动帮忙安慰哭着要爸爸妈妈的小伙伴。可是从昨天开始，他一入园就开始啜泣。

坐在梓玮旁边的希希看着一直哭个不停的梓玮，问："老师，他为什么哭了那么久还哭？"

老师说："梓玮，你可以告诉希希为什么你今天哭那么久吗？"

梓玮一边啜泣一边说："我一来幼儿园就想哭。"

图2-5　老师正在安慰哭泣的孩子（1）

老师问："为什么你一来幼儿园就想哭呢？"

希希在一旁附和道："对啊，幼儿园有这么多玩具你还哭啊？"

梓玮说："这里不好玩。我想要回家。"

老师恍然大悟，点点头："哦！原来你是觉得幼儿园不好玩，所以想要回家。你们觉得什么样的幼儿园才'好玩'呢？"

煊煊第一个回答："我觉得有玩具的幼儿园好玩！"

"要有滑梯！""有好看的花才行！""要有秋千才好玩！""我觉得要有像公园一样的地方。""最好跟游乐场一样好玩！"……

图2-6　老师正在安慰哭泣的孩子（2）

原来孩子们所想要的"好玩的幼儿园"是这样的！这不正是我们的幼儿园吗！看来逛逛幼儿园就非常有必要了！

9月11—24日　逛逛我的幼儿园

上周五定下了带着孩子们逛一逛幼儿园的计划，接下来这一周，游园之行便开始了。老师带孩子们看看教室外的超级大草地、花果山、玩沙池、大树屋，还有好玩的种植园，种植园边上还有玩水区，最厉害的是树屋后面还有可以做饭的野炊区！

老师说："今天我们去逛一逛幼儿园，看看幼儿园都有哪些好玩的地方。"

一听说要去逛逛幼儿园，找找好玩的地方，孩子们立刻有了精神，甚至有些正在哭泣的孩子也停止了哭泣，露出了期待的表情。

1. 逛一逛：幼儿园好玩的地方

从种植园开始，老师带着孩子们边参观边介绍：菜地种的萝卜和豆角、种植园里的小猪、玩水区的神奇喷雾、可以做饭的野炊区、神秘又有趣的花果山、草地里藏着的小花和小昆虫……处处吸引着孩子们的目光，他们摸摸这里，看看那里，好奇极了。

贝贝指着菜地里的小猪，说："看，有小猪，好可爱！"说完还蹲下来和小猪"对视"。

子沐边摆动着玩水区的船边说："哇，有很多小船。它们会漂起来吗？"

雅文说："有很多青蛙，还有兔子。像动物园一样。"

亦江说："有个石头滑滑梯。我还没有见过石头做的滑滑梯呢。"

布布说："有一座山，还有很多树。这是什么树呀？好大的树……"

钟言说："树上还有个房子，这是什么房子呀？""这个路上的石子好好玩，我可以拿一块回家吗？"

走到高山榕树下的树屋，孩子们立即就被眼前的滑滑梯吸引住了，梓萱兴奋地说："这是个圆筒滑滑梯！"大家开始"躁动"起来。胆大的亦江率先爬上去，从圆筒滑滑梯一溜烟地滑下来了，激动地说："好好玩。"其他孩子也在附近找到了感兴趣的东西：有的荡起了秋千，有的爬上了树屋，有的蹲在地上玩起了落叶和石头，有的躲进帐篷里……

逛逛幼儿园，看一看、摸一摸、问问题、猜一猜，孩子们都乐在其中。当他们开始和幼儿园的花花草草、玩具材料有了联系时，和幼儿园的关系自然就从陌生慢慢变得柔软、亲切。

图2-7　幼儿园二楼绿绿的大草地

图2-8　种植园地

图2-9　玩沙区

图2-10　好玩的蹦床

图2-11　与菜地里的"小猪"对视

图2-12　草地上的"兔子"

图2-13　石头滑滑梯

图2-14　彩虹路上好玩的石子

图2-15　幼儿园的树屋滑梯

图2-16　孩子们正在走荡桥

图2-17　幼儿园的小房子

逛幼儿园成了大家每天最期盼的事，而每天餐后散步成了逛幼儿园的好时机。每次逛完幼儿园，老师都和孩子们在一起分享有趣的事情和好玩的地方。

芊芊说："树屋滑滑梯，它长长的，像大象的鼻子。（我们）像从大象的鼻子里滑下来。"

佳滢说："我喜欢玩沙子，可以搭城堡。"

子彧说："水车好好玩，用手可以转起来。"

亦江说："石头滑滑梯很小，把我卡住了。"

钟言说："车车最好玩了，还可以两个人一起。"

辰辰说："我喜欢树屋，可以藏在里面捉迷藏。"

子洋说："豆角的叶子好多洞洞，草的叶子没有洞，豆角的叶子是甜甜的，（所以）虫子才去吃它。"

浩浩说："花果山上的瞭望塔，可以看很远呢。"

逛幼儿园，发现有趣、好玩的地方，他们在逛幼儿园的过程中总是能充满好奇和快乐。我们发现，孩子无须教导，便能在新环境里自然地展示自己——无论是欢呼雀跃的奔跑游戏，还是安静地在草地躺一躺，抑或是用自己的语言和一片叶子进行一次"神奇交流"，哪怕只是一次寻常的餐后散步，他们都可以把它变成一次充满惊奇的探险之旅……他们正在感知自己有能力与环境发生互动。

图2-18　谈话：幼儿园最好玩的地方

图2-19　孩子眼中幼儿园好玩的地方　　　图2-20　仲阳《操场和滑滑梯》　　　图2-21　陈子谦《幼儿园的树叶和船》

图2-22　飔泽《幼儿园的草地》

图2-23　光润《幼儿园的房子和跑道》

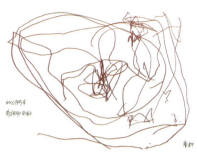

图2-24　廖浩宇《幼儿园的脚踏车》

图2-25　黄雅溪《幼儿园的滑滑梯》

图2-26　《我喜欢玩水区里的小船》

图2-27　《我喜欢一楼操场有很多球》

2. 玩一玩：好玩的游戏

爱做游戏是孩子的天性，是他们学习和生活的方式。孩子天生就喜欢和自然互动，怎么充分利用幼儿园天然的"后花园"来解决入园焦虑这个充满挑战性的问题呢？我们决定将大部分的游戏时间转移到户外。

这一周，孩子们基本上是在户外度过的。他们可以在大草地上尽情奔跑；在树屋中自由钻爬；可以绕着花果山骑行，去种植园地拔草、翻土；也可以给自己撒下的种子插上名字牌；还可以脱了鞋踩水、在沙池中找"宝藏"、在户外涂鸦区肆意涂画、去帐篷里躺一躺；或者捡落叶，下一场"叶子雨"，看花草，找虫子……他们还可以把自己找到的"宝贝"带回教室，或是一起分享，或是放进书包柜中，等着晚上放学时跟爸爸妈妈分享自己找到的"宝贝"。

宋可说："我找到了一块木头，我要用它造房子。"

卓辰说："花果山有很多'松果'，我要把它带回家送给妈妈。"

可可说："有很多叶子，我捡些叶子回去摆成漂亮的图案。"

延熙说："大树屋里有很多小石头，我要用石头做车子的轮子。"

布布说："有漂亮的小花，我想把漂亮的小花送给妈妈。"

图2-28　给萝卜浇水

图2-29　在草地上游戏

图2-30　孩子们在玩水

图2-31　孩子们在钻攀爬网

图2-32　捡落叶

图2-33　发现一只虫子

图2-34　孩子发现的"宝藏"

图2-35　孩子找到的宝贝"松果"

图2-36　宋可《用树枝做房子》　　图2-37　张延熙《用石头做车子的轮子》

而这一周，老师的职责就是花时间和孩子们在一起，积极回应他们一直在问的所有问题，对他们自然流露出来的好奇心和小发现予以欣赏和肯定。孩子们总能找到一种令人兴奋的方式表达自己，他们有更大的空间和更多的时间探索新的乐趣，快速忘记"分离的忧伤"。在与幼儿园有了亲密的接触之后，他们对幼儿园的印象开始变得越来越好。

奕华说："幼儿园的草地好大啊！我跑了一下就累了。"

琳琳说："幼儿园有好多颜色，有粉色，有黄色，有蓝色，有绿色，像一个色彩宝盒。"粉色的小花、黄色的围墙、蓝色的游泳池、绿色的草地，在他们的眼里，幼儿园有了鲜明的色彩。

宁静说："幼儿园有好多草，我闻到了草的味道。"

卓辰说："幼儿园的山还有轨道，还有可以爬上去的网。"

子彧说："用脚踩水凉凉的，好舒服。"

浩浩说："我觉得幼儿园比公园还大，什么都有。"

仲阳说："幼儿园的草地里有蜗牛，还有小虫子！"

子谦说："我喜欢爬到树屋的上面，从上面看远远的地方。"

3. 问好：幼儿园里的人

知道了幼儿园好玩的地方、好玩的游戏，幼儿园里开始有了孩子们熟悉的人。

向向说："医生姐姐就是每天来幼儿园的时候给我检查身体的人。"

奕奕说："厨师叔叔是每天用车给我们送好吃的人。"

雯雯说："在门口给我们开门的是保安叔叔。"

彦彦说："邹老师和郭老师是隔壁小二班的老师。"

梓辰说："园长是在国旗下讲话的人。"

子彧说："张园长是在门口和我们打招呼的人。"

昊霖说："李老师就是每天都帮我们把教室的桌子擦得好干净的人。"

伊乔说："杨伯伯是给花浇水的人。"

……

图2-38　与花匠杨伯伯在一起

图2-39　与保安叔叔在一起

图2-40　焦园长与孩子们

图2-41　张园长与孩子们

图2-42　与医生阿姨在一起

图2-43　办公室的老师与孩子们

图2-44　孩子们和厨师

图2-45　孩子们和保洁罗阿姨

在逛幼儿园的同时，孩子们去"拜访"了幼儿园里的每一个人：负责保护安全的保安叔叔，会做好多好吃的厨师叔叔阿姨，把幼儿园的花花草草养得特别好的花匠杨伯伯，还有给我们买了好多好多玩具的园长，天天都能把幼儿园打扫得干干净净的保洁罗阿姨，懂得很多本领的哥哥姐姐……熟悉的面孔越来越多，环境里的陌生感一点点减少。我们希望孩子们能信赖幼儿园里的每一个人，让他们感受到除了爸爸妈妈和自己的老师之外，还有许多愿意为他们的成长付出努力的人。

9月25日　教室里好玩的地方

这是孩子们上幼儿园的第四周。有的孩子在教室里找到了自己中意的玩具和好玩的游戏，有的孩子还在游荡着寻觅，他们似乎还没发现老师精心准备的环境里面藏着的好玩的地方，看来有必要带大家好好找一找。

老师今天决定开个"小火车"带着孩子们在教室里找自己喜欢玩的玩具和喜欢做的事情，每到一个自己认为"好玩的区域"，就可以进去开心地玩游戏。

图2-46　老师带着孩子参观区域（1）

图2-47　老师带着孩子参观区域（2）

彦彦说："我最喜欢乐高区和积木区，这里好多玩具。"牧远和子睿也选择了到乐高区玩乐高。

希希说："我喜欢去玩可以煮饭的（娃娃家）。"海朝和创创也玩起了娃娃家。

冉冉跑去图书区拿起一个毛毛虫玩具："我喜欢跟毛毛虫一起看书。"

伊乔和予涵到娃娃家给娃娃穿衣服；立翔和煊煊在美工区画画；橦橦在玩教室外的绿色车子……昊霖环顾一周，还是一边啜泣一边坐到操作区的位置上，和浩浩一起舀起了玻璃球。当然，还有几个孩子游离不定，老师决定留点时间给他们想一想。

一旁跑过来喝水的康康抬头看了一眼正在手工区剪纸的老师，说："老师，我觉得这里好玩。"

老师开心地说："太棒了，你可以跟我分享一下为什么你觉得这里很好玩吗？"

康康说："因为你陪我玩玩具啊！"

立翔说："我也觉得好玩，因为这里好多我喜欢的玩具。"

图2-48　孩子在积木区活动

图2-49　玩黏土

图2-50　孩子在美工区画画

图2-51　孩子在娃娃家玩

图2-52　孩子在玩插塑玩具

图2-53　孩子在看书

　　每个孩子都找到了自己喜欢玩的游戏和材料，即使几个游离不定的孩子，在老师的陪伴下也能安静地做自己喜欢的事情。不一会儿，就到了午餐时间。餐前，老师和孩子们进行了一个小分享。

　　老师问："教室里都有哪些好玩的地方？"

　　彦彦说："有好多好玩的地方，我在乐高区拼了机器人。"

　　希希说："我今天在娃娃家炒菜了，太开心了，我还想去玩。"

　　光润说："玩水区那里有小鱼玩具。"

　　海源说："有很多很多有齿轮的插塑玩具，可以拼成一个车子。"

　　梓杰说："有很多小汽车玩具，有警车、消防车，我最喜欢小汽车了。"

　　肖宋说："娃娃家，可以当爸爸，还有美工区可以画画。"

　　煊煊说："有我的小抽屉（作业栏），我可以在里面藏宝贝。"

图2-54　谈话：教室里好玩的地方

图2-55　孩子发现教室里好玩的地方

从一开始入园的"各自为政"，到尝试进区游戏，孩子们需要熟悉的不只幼儿园这个"大环境"，还有班级教室这个"小环境"。他们需要熟悉和了解教室里的日常，需要习惯与很多同伴待在一起。对小班孩子来说，这是一种全新的体验。找到自己喜欢的、能做的事，是他们快速适应集体生活特定"常规"的前提。他们选择自己喜欢的区域、喜欢的材料，在和环境、材料的互动关系中逐步建立起对班级环境的控制感，建立起对老师、班级、幼儿园的信任感。而我们能做的，就是提供有准备的环境、充分的自由和足够的耐心。

9月26日　睡前的小躁动

午休时，睿睿早早躺在小床上辗转反侧，看看教室，又看看窗外。过了一会儿，他坐起来问道："老师，外面天气这么好，我们真的要睡觉吗？"本来安静的教室顿时躁动起来，其他几个孩子随之兴奋地回应起来——

希希说："我们出去逛逛吧，我记得幼儿园的花园里面有浇水的水壶。我想给我种的菜种子浇点水。"

子杰说："我记得幼儿园后面的小房子，我的头可以伸出去。"

萱萱说："那个轮胎的地方有好多会飞的虫子，它们能闻到花的味道。"

灏灏说："我记得那个戴帽子的叔叔是我们的厨师叔叔。"

梓熙说："墙上有我爸爸妈妈的照片，我想看的时候就可以去看一下。"

昊霖说："我也有。"

老师问："那你们喜欢幼儿园吗？"

琳琳说："喜欢，我喜欢幼儿园的大树。"

雯雯说："我喜欢二楼草地，二楼操场，还有一楼操场，都喜欢。"

汤圆说："我喜欢那个植物角，还喜欢那个画画的区，还有那个西瓜组的区。"

向向说："我喜欢幼儿园的玩具，还喜欢幼儿园的老师，不过我还是最喜欢玩玩具。"

宁静说："幼儿园很漂亮。我喜欢漂亮的幼儿园。"

片刻的躁动道出了孩子们的心声。为期一个月的"我的幼儿园"的探索，正是希望帮助孩子熟悉环境、适应集体、尝试开始建立一段新的关系。当偶尔有孩子突然伤感想要找爸爸妈妈的时候，他们也能够在幼儿园里找到安慰——也许是一件好玩的玩具，一个舒服的地方，一个他/她愿意拥抱的人。我们会经常告诉孩子：我知道你想念爸爸/妈妈，就算他们不在这里也没关系，他们会藏在你的心里，而我们会陪伴在你身旁。

9月28日　我的幼儿园是一个什么样的幼儿园？

不知不觉间，孩子们在幼儿园生活将近一个月了，他们对幼儿园有了什么不一样的看法呢？

老师问："你觉得我们的幼儿园是一个什么样的幼儿园？"

智恒说："幼儿园像一个大大的游乐场，有滑滑梯、秋千、沙池，我最喜欢玩滑滑梯。"

翕童说："我觉得幼儿园很大，还有花果山呢，我喜欢在沙池里玩沙子。"

雅晴说："幼儿园像城堡一样，里面有很多小朋友。"

希希说："幼儿园有很多好玩的玩具，像一个玩具城堡。"

牧远说："幼儿园有大草地，我可以在里面跑很久。我喜欢在幼儿园跑。"

世谦说："我觉得它有点像森林，有很多树，颜色也是绿绿的。"

思程说："幼儿园有高高的、大大的树。"

子睿说："幼儿园太大了，我一只手都抱不过来。"

……

从不想上幼儿园到"我喜欢在幼儿园里跑"，从"陌生的幼儿园"到"我的幼儿园"，他们对幼儿园的印象正在一点一点地改变。

老师问："你喜欢上幼儿园吗？为什么？"

世谦说："喜欢呀，因为这里有很多好玩的，我还可以爬到树上去（树屋）。"

承辕说："幼儿园有花果山、大树和小花。我喜欢一楼操场，可以跑。"

玥妍说："我喜欢幼儿园，（因为）有我的好朋友贝贝，还有陈老师。"

梓玮说："幼儿园很大，像迷宫一样，很有意思，我喜欢上幼儿园。"

培之说："幼儿园可以爬梯子，还可以荡秋千，我很喜欢幼儿园。"

梓萌说："幼儿园有很多滑滑梯，还可以玩叶子。我很喜欢。"

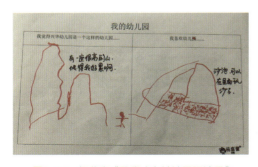

图2-56　杨翕童《我喜欢在沙池里玩沙子》

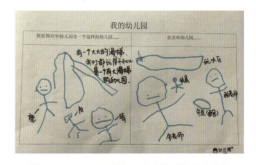

图2-57　刘云麾《有一个大滑梯的幼儿园》

吴霖说："我想下次看看玩水区的船，能不能站上去。"

……

此时此刻，他们对幼儿园生活有了期待。

图2-58　承辕《有山、大树和小花的幼儿园》

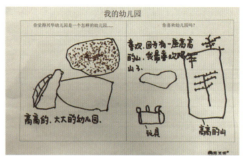

图2-59　陈其琛《高高的、大大的幼儿园》

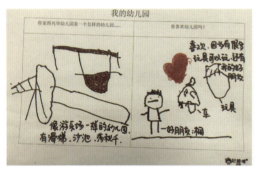

图2-60　纪雅琦《兴华幼儿园像一个游乐场》

图2-61　马潇然《兴华幼儿园很大、很大》

故事感悟

　　第一次离开家人到一个陌生的地方开始独立生活，对孩子来说是一个极其巨大的挑战。听见每一个哭泣的声音、接纳每一个哭泣的理由，慢下来，建立一段新的、稳固的关系，我们能够从每个幼儿的眼神变化中看到这些信念所带来的巨大力量——从陌生、抗拒到快乐、欣喜，从"我的家"到"我们的家"，这何尝不是一种全身心的交付？我们把每一段相遇，都当成美好的开始。正如汤勇先生所说，"教育是爱的事业，是以心换心的事业"。对于每一位老师"怎样快速有效地帮助孩子度过入园适应期"的焦虑，我们总是温和而坚定地回答：一切最好的方法就是爱，全部的奥秘和技巧就在于爱，让孩子爱上幼儿园是我们真诚的爱加上时间发酵的自然结果。

紫荆花的奇妙之旅

班　　级：中七班

持续时间：2018年12月—2019年1月

故事缘起

　　12月，幼儿园的紫荆花恣意绽放。一场大雨过后，紫荆花瓣掉落了一地。次日，遍地的花瓣引起了正在户外活动的中七班孩子的关注。

　　依诺兴奋地说："你们看！地上好多漂亮的花。"

　　玄希惊叹地说："紫荆花掉了好多哇。"

　　芷莹说："紫荆花落在我们的菜地里，菜也变成粉色的了。"

　　艺玲说："落在水上的紫荆花瓣好像一条条小船。"

　　姚尧捡起了一片花瓣说："紫荆花瓣掉得到处都是，好像下了一场紫色的雨。"孩子们边玩边收集起紫荆花瓣，他们问："老师，我们可以把紫荆花瓣带回教室吗？"

　　老师说："当然可以啦，你们可以用篮子把花瓣都装起来。"

图3-1　收集紫荆花瓣

图3-2　收集好的紫荆花瓣

12月12—13日　认识紫荆花

　　回到班级后，孩子们对紫荆花的讨论更加热烈了。玄希说："花瓣是水滴一样的形状，又有点像椭圆形。"

　　姚尧说："花瓣闻起来有一点点香，摸起来是软软的。"

艺玲说："我发现紫荆花的花瓣都是五片的。"

芷莹说："我的花瓣也是五片的，我还发现花朵里面还有一条条白色的东西。"

艺玲说："我的花朵里面也有，它是什么呢？"

焯彦说："可能是紫荆花的根吧？"

玄希反驳说："不对，花朵是没有根的，紫荆花树才有根。"希玄平时喜欢阅读植物相关的绘本，显然知道那不是紫荆花的根。

焯彦说："那花朵里一条条白色的东西到底是什么啊？"

图3-3　分享紫荆花的资料

老师问："我们怎么才能知道它是什么呢？"

玄希说："我们可以找一本植物百科全书来看一看，里面肯定有答案。"

依诺想了想，说："我们也可以从网上查一查有关紫荆花的资料。"

焯彦说："我回家问问我爸爸妈妈，他们应该也知道答案。"

老师说："行啊，那你们都按照自己的想法去找一找答案吧。"

第二天，老师利用晨会时间请他们分享了找来的资料。

焯彦说："我回家问了我爸爸妈妈，花朵中间一条条白色的东西是花蕊，是用来传授花粉的。"依诺带来了紫荆花的结构分解图，向大家一一介绍了紫荆花的花蕊、柱头、花瓣、萼片等结构。玄希说："我和爸爸查了百科全书，发现每一朵花都有花蕊、花瓣、萼片、花托和花柄。"

讨论与分享总是能给大家带来许多新的知识，经过一番交流，孩子不仅解决了自己当下的疑惑，而且拓展了对花朵结构的知识。在后续的区角活动中，有的画下了对紫荆花外形的发现，有的将花朵进行了分解，制成了紫荆花结构图。

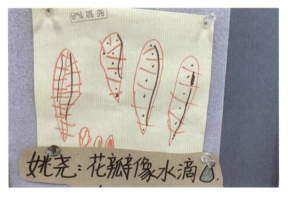

图3-4　对紫荆花花瓣的表征

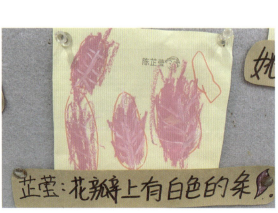

图3-5　对紫荆花花蕊的表征

图3-6　紫荆花结构图（1）

图3-7　紫荆花结构图（2）

12月16—23日　颜色的秘密

　　捡回来的紫荆花瓣放在班级里的各个区域，成为孩子们玩游戏的新材料。孩子在积木区利用紫荆花瓣搭建了紫荆花主题公园；在角色区用紫荆花瓣给娃娃布置了漂亮的房间；在玩水区用花瓣玩起了花瓣雨的游戏……在科学区，烯铭将花瓣捣碎后有了新的发现。

　　烯铭举起木槌，说："你看，我的棍子都变紫色了。"

　　弘浩看了看自己的手指，说："我的手指甲也被染成了紫红色。"

　　无意间的发现引起了烯铭的兴致，他问："把花瓣泡在水里，水会不会变成紫色呢？"

图3-8　捣碎紫荆花

图3-9　发现花汁的颜色

1. 水会变色吗

烯铭提出的问题引起了大家的讨论。舒锦说："水肯定会变紫色呀，花瓣本身就是紫色的，它能把手染色，也肯定能泡出颜色。"

玄希点点头说："对啊，你看木槌染上了花汁就变紫色了。"

弘浩想了想，说："我觉得水不会变色，刚才是把花瓣捣出了花汁才让木槌染上颜色的。"原来弘浩认为花瓣需要捣出花汁才会有颜色。

芷萱说："可是，我在家看见我妈妈泡的花茶就是有颜色的，不需要把花瓣捣碎。"

烯铭认为芷萱的分析也很有道理，说："要不我们捡一些花瓣回来泡一泡吧，看水会不会变色。"

烯铭的建议引起了大家的兴致，大家说："好啊，水会不会变色试一试就知道了。"

老师问："你们打算怎么泡呢？"

舒锦说："找个瓶子把花瓣都放进去，然后装满水，最好用透明的瓶子，这样可以看得到水的颜色有没有变化。"

孩子们决定用瓶子浸泡花瓣，老师找来了一些透明的玻璃瓶子，大家开始了浸泡花瓣的试验。

2. 水的颜色没有变

孩子们把花瓣装进瓶子里，然后注满水，拧上了瓶盖，还请老师帮忙做了名字标签贴在瓶子外面，他们约定每天都来看看瓶子里的水有没有变色。

第二天，他们一到教室就跑去操作区看瓶子里的水有没有变色，他们转动着自己的瓶子左看看右看看，再看看小伙伴的，发现瓶子里的水没有任何变化。舒锦说："可能没有那么快变色吧，泡久一点颜色就会出来了，我们再等一等。"

第三天，瓶子里的水还是没有变色。第四天，孩子们看到瓶子里的水开始变得有些浑浊，花瓣的颜色也变浅了些。第五天，他们发现瓶子里的水更浑浊了，水里还漂着些白色的杂质，花瓣的颜色变得更浅了，可是瓶子里的水还是没有变色。

等待了五天，瓶子里的水还是没有变色，弘浩有些得意地说："看吧，我就说水不会变色。"

坚持认为水会变色的舒锦说："肯定是哪里出了问题。"

看到孩子们有些着急，老师问："你们觉得水没有变色的原因会是什么呢？"

舒锦说："我觉得可能是因为花瓣放得不够多，颜色没有泡出来。"

芷萱说："我猜是因为瓶盖没拧紧，拧紧了也许就能变成紫红色了。"

图3-10　浸泡花瓣第一天

图3-11　浸泡花瓣第五天

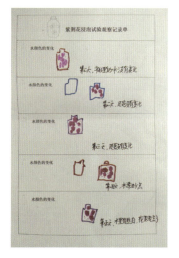

图3-12　紫荆花浸泡试验观察记录（1）

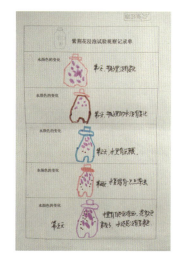

图3-13　紫荆花浸泡试验观察记录（2）

艺玲说："也可能是因为瓶子被太阳晒到了，本来水变色了，太阳一晒颜色又消失了。"

弘浩说："我觉得本来花瓣里的颜色就泡不出来，所以水不会变色。"

孩子们各抒己见，到底是不是他们猜想的那样呢？老师建议他们回家和爸爸妈妈一起寻找答案。

3. 原来要加热水才会变色

周一，烯铭带回了和爸爸妈妈查找到的资料。烯铭说："我知道水为什么没有变色了，我和我爸爸上网查了资料，紫荆花要用热水煮一煮颜色才会出来。"

舒锦问："是因为我们用冷水浸泡所以水才一直没有变色吗？"

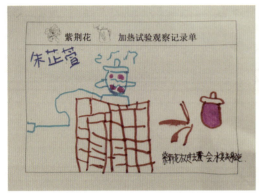
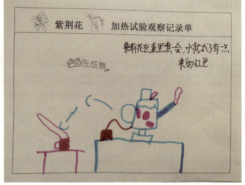

图3-14 "加热紫荆花"观察记录（1）　　　图3-15 "加热紫荆花"观察记录（2）

烯铭说："肯定是这样的。"

老师说："这倒是个新的办法，你们可以去找些花瓣来煮一煮，看看水会不会变色。"

加热是不是就能变成紫红色的水呢？老师也十分好奇。老师和孩子们一起准备了透明玻璃茶壶、水和洗净的紫荆花到茶艺区进行加热试验。启动加热后，大家聚精会神地盯着茶壶里的水，随着温度不断升高，壶里的水慢慢变了颜色。

烯铭兴奋地说："你们看，水变紫了，加热紫荆花真的能让水变色。"

舒锦说："之前浸泡花瓣的水没有变色是因为我们用了冷水。"

"花瓣的颜色真的可以煮出来。"弘浩说。

高温破坏了花瓣里的花青素，花瓣里的颜色就会释放出来，孩子们的试验也让老师增长了见识。得知加热可以煮出紫色的紫荆花水，他们还给美工区的小手绢染上了漂亮的颜色。

在紫荆花颜色的探究活动中，孩子们不断发现问题、提出问题，借助试验的方法验证自己的猜想，在观察与探索水颜色变化现象的基础上，尝试推断水到底会不会变色。在此过程中，孩子不断形成对紫荆花颜色的认知，逐渐积累了提出问题、寻找答案的能力。

12月24日—1月7日　紫荆花标本

1. 把紫荆花做成标本吧

时间久了，放在区域里的紫荆花都坏掉了。睿轩说："紫荆花都发黑了，有一股难闻的味道。"

图3-16　发黑的紫荆花

图3-17　讨论如何保存紫荆花

耀鹏凑近闻了闻，说："花瓣都发臭了。"

不怕脏的芃芃伸手摸了摸篮子里的紫荆花，说："好黏啊，紫荆花都坏掉了。"

老师说："你们有什么办法让花瓣保存得久一点吗？"

有的孩子说把坏的丢掉，捡些新的回来；有的说把它放在书本里夹起来；有的说把它放在太阳底下晒干……乐乐说："我觉得可以把花瓣做成标本。"

由于孩子没有制作标本的经验，所以乐乐的建议引起了他们的关注："什么是标本呀？"

乐乐说："标本就是用一些胶水把花瓣泡起来，把东西做成标本可以保存很久。"

孩子们纷纷说："你是怎么知道的呢？""我们也把紫荆花都做成标本吧。""紫荆花标本要怎么做？""乐乐你会不会做标本？"……

乐乐说："我看见我哥哥做过标本啊，我没有做过标本，我不会做。"原来乐乐的哥哥很喜欢研究标本，所以乐乐对标本有一定的经验。

标本成了孩子们的新关注点，老师决定支持他们试一试。老师说："做标本真是一个不错的办法，请乐乐回家问问你哥哥标本是怎么做的、需要用到哪些材料，再回来和我们分享。"

2．怎么制作标本呢？

第二天，乐乐带来了做标本的材料还有说明书。他拿出说明书，说："我哥哥就是按照说明书制作标本的，我们也可以按照说明书试一试。"

子桐凑近看了看，说："说明书上面都是字，看不懂。"

于是，老师带着大家认真学习了说明书，还画出了详细的步骤图。第一步：将电子秤清零，放上空杯子，倒入B胶15克；第二步：将电子秤清零，放上空杯子，倒入A

图3-18　乐乐和子桐在研究说明书　　　　图3-19　标本制作流程图

胶45克；第三步：将A、B胶搅拌均匀至没有气泡或者一丝丝的状态（约两分钟）；第四步：将标本放入模具，倒入已经搅拌好的滴胶至模具一半的位置；第五步：重复调好滴胶，将滴胶倒满模具，等待固化即可出品。

了解了滴胶制作标本的具体步骤，孩子们跃跃欲试，说："做紫荆花标本也不难呀，我们也想试一试。"

老师说："可以啊，做标本需要用到滴胶这些材料，老师今天会从网上购买，需要几天才能拿到，你们可以先把教室里坏掉的紫荆花处理掉，再去捡些新鲜的花瓣回来，等材料到了我们再来试一试。"

3. 初次试验：花瓣变成了绿色

两天后，制作标本的材料到了，孩子们尝试按照步骤制作标本。首先，用电子秤按量量取了A、B胶，并将胶水倒入大量杯；然后进行搅拌，混合均匀后静置，有的孩子还拿来了计时器计时，两分钟后，他们把紫荆花放入模具，将调好的滴胶倒入。由于紫荆花没有进行干燥处理，滴胶倒入后，花瓣慢慢变成了绿色。

乐乐说："为什么花瓣的颜色变成了绿色？应该是紫红色才对呀。"

依诺说："是不是我们哪个步骤出错了？"

姚尧说："会不会是因为胶水没有干？"

子桐说："我猜可能是花瓣上面的水（胶）多，下面的水（胶）少。"

大家你一言我一语，猜想着花瓣变绿色的原因，到底是不是他们猜想的这些原因导致紫荆花变色的呢？老师帮他们找来了滴胶制作标本的视频。

老师和孩子们一起观看了视频，发现胶水的量、胶水的搅拌程度、花瓣的干燥程度都会影响标本的质量和颜色。

图3-20　调配滴胶

图3-21　滴胶里变绿的紫荆花

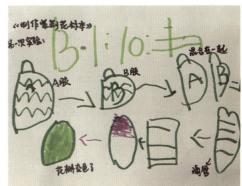

图3-22　第一次制作标本的记录（1）

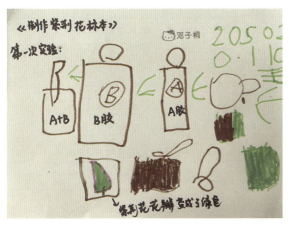

图3-23　第一次制作标本的记录（2）

图3-24　观看视频查找变色原因

乐乐说："可是，我们称的胶水是足够量的呀，我还检查了两遍呢。"

依诺说："是啊，胶水搅拌也没有问题啊，我还用了计时器计时呢，时间到了，看到里面没有气泡了，我才把它倒入模具的。"

子桐说："肯定是因为花瓣没有干燥，我们用的是捡回来的新鲜花瓣。"

乐乐说："对哦，我哥哥好像跟我说过，做标本前需要将花瓣干燥，我忘记了。"

原来大家忘记了制作标本最重要的一步——将花瓣做干燥处理。老师说："我们可以对花瓣进行干燥处理了再来试一试。你们知道怎么做干燥处理吗？"

子桐说："可以把花瓣放在报纸里，用报纸给花瓣做干燥。"

依诺说："我觉得可以把花瓣都夹在书本里，夹干水分。"

姚尧说："也可以把花瓣都拿到太阳底下晒干，不过可能需要很大的太阳才行。"

乐乐说："我回家再问问我哥哥，看看他是用什么办法做的。"

老师说："可以啊，那你们就按照自己的办法试一试吧。"

图3-25 讨论使紫荆花干燥的方法   图3-26 使紫荆花干燥的方法

4. 调整步骤：将花瓣做干燥处理

孩子们利用区域活动时间开始尝试给花瓣进行干燥处理，依诺拿来一本厚厚的书，将捡来的新鲜紫荆花瓣夹在书本里，子桐拿来一些报纸，将花瓣放进报纸里，姚尧拿了些花瓣放在太阳底下晾晒。乐乐回家向哥哥了解到可以用干燥剂给花瓣做干燥处理，第二天他把干燥剂带到了幼儿园，在老师的帮助下，他把新鲜的花瓣放在有干燥剂的容器里。为了便于孩子们观察和比较，老师把大家用于干燥的材料放到了一起。

图3-27 晾晒紫荆花瓣记录单   图3-28 报纸夹花瓣

图3-29　用书本夹花瓣

图3-30　用干燥剂干燥花瓣

干燥剂里的花瓣第二天就有了明显的变化，摸起来很干爽，花瓣变小了些，颜色依然是紫红色，而夹在书本里和报纸里的紫荆花变化不大，摸起来黏黏的，放在太阳底下晾晒的花瓣都卷起来了。显然，用干燥剂的效果最快、最好，为了让孩子体验花瓣干燥的过程，老师还是让他们继续尝试。

一周后，老师组织大家把经过干燥处理的花瓣都拿出来进行比较。老师问："尝试了四种方法对花瓣进行干燥，你们有什么发现？"

乐乐说："用干燥剂最快，颜色最好看。"

依诺说："用干燥剂一天就可以脱干水分，用书本需要一周的时间，而且花瓣的颜色变浅了。"

姚尧说："太阳晒过的紫荆花虽然干燥得快，但是花瓣都卷起来了。"

子桐说："用报纸是最慢的，干燥出来的花瓣变得黑黑的，还很可能会坏掉。"

相比之下，使用干燥剂干燥的花瓣最好。花瓣经过干燥处理后，孩子们打算进行第二次标本制作。

图3-31　紫荆花干燥过程观察记录（1）

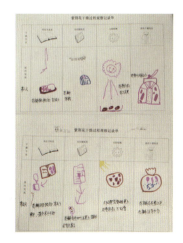

图3-32　紫荆花干燥过程观察记录（2）

5. 二次试验：标本制作成功

制作前，老师和孩子们一起回顾了制作标本的步骤以及注意事项：第一，要量取足够量的胶水；第二，胶水搅拌要均匀，胶水里面没有气泡了才能倒进模具。孩子们分工合作把滴胶调好后倒入放着紫荆花的模具中，很快他们就发现花瓣颜色没有变绿，还是原来的紫红色。

乐乐兴奋地说："你们快来看呐，花瓣颜色没有变绿！"

依诺盯着滴胶里的紫荆花，说："花瓣好像变得更加鲜艳了。"

图3-33　回顾注意事项

孩子们欢呼雀跃："耶，我们的紫荆花标本终于制作成功了！"之后，他们还将这次标本的制作过程和紫荆花的变化记录了下来。

孩子进行了两次标本制作，第一次制作的标本变成了绿色，他们敢于提出自己的疑问，并和老师一起寻找原因，总结经验，调整方法，最终成功做出了没有变色的紫荆花标本。在这个过程中，孩子初步感受到了科学实验的严谨与乐趣，也锻炼了自身发现问题与解决问题的能力。

图3-34　滴胶里紫红色的紫荆花

图3-35　第二次制作标本的观察记录（1）

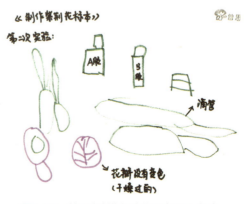

图3-36　第二次制作标本的观察记录（2）

1月8—10日　紫荆花狂想曲

随着紫荆花活动的开展，紫荆花成了孩子们最喜爱的材料，他们用紫荆花进行了各种形式的创作，有的用花瓣做了手工，有的用紫荆花进行了拓印，还有的用紫荆花制成了装饰画……一朵朵紫荆花经由孩子们的双手，变成了一个个拙稚有趣、富有想象的创意作品。

睿轩说："我把紫荆花瓣粘在绳子上做成了一条紫荆花手链，我要拿回家送给妈妈。"

奕晓说："紫荆花瓣蘸上颜料能印出了很多好看的图案。"

思齐说："我用软软的、新鲜的花瓣，捶出了可以流动的汁，印出了一幅紫色的画。"

姚尧说："我用力把花瓣的汁都捶了出来，看我捶出了一朵漂亮的紫荆花。"

子桐说："我要用花瓣做一条紫粉色的公主裙送给我妹妹。"

瑞瑞说："漂亮的紫荆花粘在纸上就变成了一块漂亮的紫荆花魔法毛毯，它还可以飞起来带我们去旅行。"

耀鹏说："我用紫荆花和黄色的树叶做一个大怪兽。"

昕昕说："发黑的紫荆花瓣看起来好像在森林里探险。"

凯维说："我用黑色的紫荆花做了一辆黑色的警车。"

……

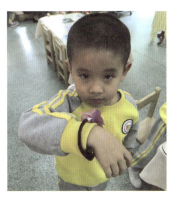

图3-37　紫荆花手链

图3-38　紫荆花颜料印画

图3-39　紫荆花汁制作的好看的画

图3-40　用花汁染了一朵紫荆花

图3-41　紫荆花魔法毛毯

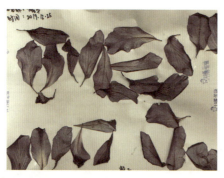

图3-42　大怪兽　　　　图3-43　黑色帅气的紫荆花警车　　　　图3-44　在森林里探险

故事感悟

　　紫荆花活动的生成源于孩子的兴趣与发现。活动中，孩子通过反复地提出问题—猜想—操作—验证，不断拓展对紫荆花的认识与经验，丰富了对花的认知。在多次的试验与操作中，孩子们还表现出了积极主动、认真专注、敢于探究的良好学习品质。材料是激发孩子探究兴趣的最好诱因。从户外带回教室的紫荆花成了孩子随处可见、可操作、可体验的真材料，他们利用这些紫荆花开始了一次次的发现与尝试。正是通过与紫荆花的各种互动，孩子收获了丰富的经验，促进了自身的发展。活动的持续深入与老师的支持与引导是分不开的。在紫荆花探究活动中，老师一次次为孩子提供材料、建议、经验等支持与帮助，引导孩子通过查找资料、实际操作和分享交流的方式获取答案，有力地推动了对紫荆花的探索与研究。

　　从紫荆花到关于紫荆花的活动，从资源到课程内容，这其中的转换有赖教师敏锐的课程资源意识。我们的教师正是带着这种发现的眼光，从园所资源里挖掘适宜的课程资源，为孩子带来综合、有效的学习。

∽ 幼儿园的树 ∽

班　　级：中班

持续时间：2019年6—7月

陈鹤琴先生说，"爱自然是儿童的天性"，"自然界是幼稚园最好的教室，也就是幼稚园的一个大设备"。选择"幼儿园的树"作为课程主题的原因，是因为兴华园里有一座充满果树花香的"天然后花园"——这里有着得天独厚的自然资源：有山、有树、有花、有草、有鸟……将二楼草地的三棵大榕树连成一体的大型树屋更是孩子们钻跑攀爬的天然游戏场，幼儿园的树常常是孩子们户外游戏时的天然庇护所。幼儿对树有着极大的兴趣，在他们研究幼儿园的树时，故事便开始了。

幼儿园到底有多少棵树呢？

1. 讨论方法

这个月是对"树"的研究月，老师决定把研究的权利交还给孩子们。晨会时，佳芮提出了她一直想知道的问题："老师，我们幼儿园到底有多少棵树呀？"

老师说："想要知道幼儿园有多少棵树，我们应该怎么办呢？你们有什么好办法？"

艺玲迫不及待地站了起来："我们可以拿一张纸和笔去数，看见一棵树就在纸上画一个点点。然后数点点就知道了！"

舒锦说："我们可以爬上花果山，先从山上开始数，一棵一棵地数。"

佳芮听了马上反对说："那多难数啊，那么多树，你怎么数啊！"老师听了佳芮的担心，问道："那你有什么别的好办法吗？"

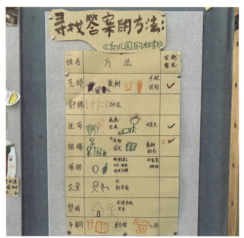

图4-1 讨论数树的方法   图4-2 我知道的方法

佳芮不好意思地挠了挠头："我觉得可以一边画下来一边数。"老师点点头："听起来好像也可以。"

珈祯说："我们可以一棵树贴一个标签，然后数一数我们贴了多少个标签，就是多少棵树。"珈祯的办法也得到了一些伙伴的支持。

老师认真倾听和记录了孩子们提出的办法，说："你们的办法听起来都不错，不如今天户外活动的时候按照自己的办法去统计一下幼儿园到底有多少棵树吧！你们要做好记录，回来和大家一起分享统计的结果。"

出发之前，大家纷纷找好自己的小伙伴，大致讨论了一下怎么数、怎么画、怎么分工的问题，带上各自的工具就出发啦！

2. 第一次统计

幼儿园很大，幼儿园的树分布在一楼操场、二楼户外和花果山，艺玲和依诺、子桐先去了一楼操场统计，一楼的树很少，他们很快就统计好了，随后去了二楼户外草地；珈祯、一萱和孟宇到了二楼户外草地统计；舒锦、钟玉的小组和佳芮的小组到了花果山。孩子们的办法各有亮点，他们按之前商量好的办法开始统计树的数量，随之而来的还有些小"麻烦"：

舒锦和祺雨在争执那棵老藤蔓到底是不是树；珈祯贴在树上的标签很容易掉，幼儿园的草地特别大，他不得不跑来跑去为每棵树都贴上标签；艺玲和依诺纸上的标记越来越多；佳芮开始边画边数："这个树好难画，我要画好多树。"……

图4-3　孩子们第一次统计

3. 问题讨论

餐前的分享时间，孩子们一起分享了各自统计过程中的发现。

佳芮说："树太难画了，我一棵树要画好久。"

艺玲说："我统计了一楼操场有9棵树，二楼草地有21棵树，我是用画点点的方式统计的。"

依诺说："是的，一楼操场是9棵树，我数的是9棵，但是二楼草地有26棵树，我数的是26棵。"

老师说："二楼草地你们两个的统计结果不一样，依诺用的是什么办法统计的呢？"

依诺说："我用的是画记号的方法，找到一棵树就画个1。"子桐在旁边补充道："可能是不小心画错了。"老师说："都是用画记号的方法，但是得到的结果不一样，看来画记号也可能出错。"

舒锦抢着说："我们一棵一棵数也太难数了，我数到三十几棵就不知道数到哪里了。"祺雨说："有些不知道是不是树，不知道怎么统计。"

钟玉说："有时候会数过头，我不知道哪棵树是统计过的，哪棵树是没统计过的。"

一萱说："我和珈祯在草地统计，草地一共有41棵树。"珈祯在旁边补充道："我们还没来得及去统计花果山的树，就要回教室了。"一萱还说："我们的贴纸不够粘，容易掉。"

看来大家在行动的过程中都发现了各自方法的一些问题：做记号容易不小心画多，做好的记号因为密密麻麻也不好统计；画画的方式有点慢，由于不认识看到的树，画树难度还不小；一棵一棵数容易数漏或者重复数；贴标签再统计虽然准确，但是对两个人来说工作量大，效率还有点低……

图4-4　孩子们第一次做统计的记录

4. 再去数一次

第一次统计结束后，大家把过程中发现的问题记录下来，并在后续的两天中反复讨论"怎么样才能统计得又快又准"。目前，"边数边做标记"和"用贴标签"这两种方法仍然得到了大家的一致认可，认为这两种方法可以统计出幼儿园树的数量。

艺玲说："一楼操场和二楼草地的树不多，可以一边数一边做标记。"依诺、子桐表示想再去尝试一次，并提出了用不同颜色的记号笔、把记号画大些（不画得太密）以便计数。舒锦和钟玉纷纷表示加入。

珈祯说："一部分人统计一楼的树，一部分人统计二楼草地的树，一部分人统计花果山的树。"一萱举手赞成了珈祯的安排，她补充道："花果山的树最多，我觉得用贴标签的方法最好，不过要多一些人

图4-5　第一次统计小结

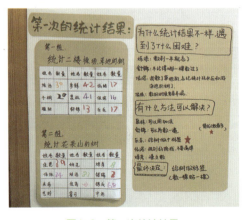

图4-6　第一次统计结果

去帮忙。"静轩说："每个人可以用不同颜色的纸，最后合在一起就知道有多少棵树了。"

珈祯说："我们把标签贴在明显的地方，这样其他人就可以看清楚哪些树已经贴过了。"

定下统计方案之后，大家跃跃欲试，于是孩子们利用户外活动的时间再次统计。

一楼和二楼草地的树比较少，统计难度不大。花果山由于地形复杂、树木交错多，即使有了第一次的经验，统计起来难度也不小。

可馨说："一楼的树很少，一共9棵，没有问题。"

艺玲说："二楼草地的树一共是41棵，这次我们把记号画得很大，还反复确认了两次呢。"

姚尧说："花果山上有些树很难贴标签，等我把标签贴上后，我就忘记数到几了。"

一萱说："我们一边贴标签一边数，数到86了，发现还有很多树没有贴标签，然后就忘记数到哪棵树了。"

珈祯说："泉林贴标签，我在纸上做标记，刚开始的时候，他贴一个标签我就在纸上做一个标记，后来泉林贴得太快了，又跑得很远，把我弄糊涂了，都不知道哪棵树做了标记哪棵没做。"

老师问："花果山上的树用贴标签的办法行不通，那怎么办呢？"

艺玲说："老师，我想到了一个好办法，我们做很多很多标签，先数好我们做了多少标签，然后把标签都贴在树上，最后看看还剩了多少标签，就知道花果山上有多少棵树了。"

大家都觉得艺玲的办法非常不错，想再去试一试。

图4-7　第二次统计

图4-8　贴标签

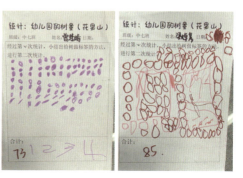

图4-9　孩子们第二次统计的记录（花果山）

5. 统计结果

有了想法，大家很快就行动起来了。第二天，他们一共制作了120个标签，户外活动时，老师带着他们出去贴标签。很快，花果山上所有的树都贴上了标签，只剩2个标签。可馨、舒锦和骏骏还负责了核对的工作，确保没有遗漏和重复。

事实证明，用"贴标签数−剩余标签"的方法来统计花果山上有多少棵树确实是个不错的办法，既不容易数重复，又方便检查有没有遗漏的树，这个好办法再次得到了大家的一致肯定。经过大家的齐心协力，最后统计出来：花果山一共有118棵树；一楼有9棵树；二楼草地有41棵树。幼儿园一共有168棵树！

依诺不禁感叹道："原来幼儿园有168棵树，好多好多！"

珈祯开心地说："哇，我们好厉害呀！竟然把幼儿园的树都数出来了。"

图4-10　制作标签

图4-11　贴标签（1）

图4-12　贴标签（2）

地点	有？棵树
一楼	9棵
二楼操场草地	41棵
花果山	118棵
共：	168棵

图4-13　幼儿园有168棵树！

幼儿园有多少种树?

分享结束后,孩子们还常常说起统计过程中的发现。静轩忍不住说:"有些树我都不认识,但是我知道有橘子树。"静轩的话引起了大家的讨论:

"花果山上有些树我都不认识。"

"幼儿园都有什么果树呢?"

……

原来幼儿园有很多树大家都不认识,老师决定跟随着孩子们的兴趣,带领他们去认识幼儿园的树。

1. 我认识的树

幼儿园每年都有采摘节。通过采摘节,孩子们认识了一些果树。老师决定让孩子们先把认识的树统计和记录下来。一楼的桃树、李树,二楼草地的紫荆花树、木棉花树、枇杷树,花果山上的木瓜树、香蕉树、荔枝树、龙眼树……原来孩子们认识的树也不少!

图4-14　认识幼儿园的树(1)

图4-15　认识幼儿园的树(2)

图4-16　赵子睿《我认识的树——橘子树》

图4-17　唐启文《我认识的树——杨桃树》

2. 不认识的树

可也有很多不认识的树，老师问："怎么才能认识这些树呢？"

思齐说："去问大班的哥哥姐姐。"

铭瑞说："我们去采访园长。"

依诺说："我们用手机把不认识的树拍下来，回来用电脑查。"

静轩提议道："我们去问问杨伯伯。"

老师说："杨伯伯生病请假了，暂时不在幼儿园，其他几个方法听起来可行，你们可以去试一试。"

孩子们分别行动了起来，有的去采访大班的哥哥姐姐和园长，有的借了老师的手机把不认识的树都拍了下来。通过查找资料，认真对比，孩子们把不认识的树的名字都记录下来。

图4-18　用手机拍下不认识的树

图4-19　一起认识树

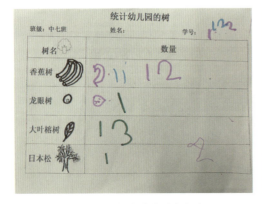

图4-20　孩子们的统计表（1）

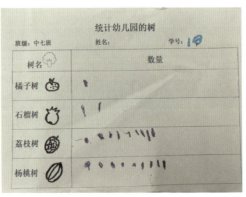

图4-21　孩子们的统计表（2）

3. 幼儿园有21种果树！

在分享讨论的过程中，炫添说："我发现幼儿园有很多果树，有香蕉树、龙眼树和橘子树、木瓜树和杨桃树。"

铭瑞说："还有人参果树、荔枝树、芒果树。"

老师说："那幼儿园的果树有多少种呢？不如我们去数一数吧。"

经过统计，幼儿园树的种类一共有43种。其中，果树有21种，观赏树有22种。

在回顾记录的时候，孩子们还把一楼、二楼树的分布图画了出来！在行走于统计树的数量、种类的过程中，他们与周围世界接触的范围变得更广阔也更具体了。果然，让儿童行走"在路上"也是有效的学习方法。

图4-22　幼儿园树的种类

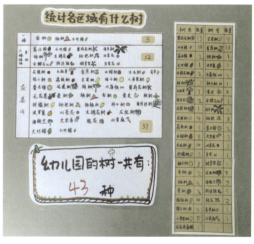

图4-23　幼儿园一共有43种树！

图4-24　绘制二楼草地树的分布图

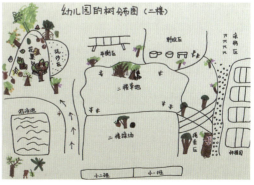

图4-25　二楼草地树的分布图

幼儿园最粗和最高的树

在统计和认识树的过程中，俊儒提出了一个问题："木棉花树是不是幼儿园最粗的树呀？"

嘉艺说："是的，木棉花树就是幼儿园最粗的树。"

珈祯说："不是，木棉花树是最高的树，它不是最粗的树。"

若熙说："幼儿园最高的树是花果山上的树，不是木棉花树。"

俊儒的好奇引起了大家的讨论，幼儿园最粗和最高的树到底是哪一棵呢？孩子们决定分组去找一找。

1. 幼儿园最粗的树

寻找最粗树组决定先去看看木棉花树有多粗，有没有比它更粗的树。

（1）现场确认：木棉花树是不是幼儿园最粗的树？

他们来到二楼操场发现木棉花树并不是很粗。冯媛说："这棵（木棉花树）一点也不粗，它还可以被围栏围起来。"

景汀说："木棉花树不是（最粗的），我一个人就可以抱过来。"

思芃指着不远处的高山榕树说："木棉花树不是幼儿园最粗的树，那棵（高山榕树）是它的好几倍粗呢。"

图4-26　树屋中间的大叶榕树

俊儒跑到二楼草地中间，用笔对比目测，先看了看木棉花树，然后转过方向看了看高山榕树和小叶榕树说："木棉花树不是最粗的树，它能被笔遮住（视线），但榕树用笔挡不住（视线）。"

通过现场确认，他们发现幼儿园有很多树都比木棉花树要粗。大家的关注点也开始由"木棉花树是不是幼儿园最粗的树"转移到"哪一棵树才是幼儿园最粗的树"。

图4-27　大型器械围绕的高山榕树

图4-28　花果山上的大叶榕树

图4-29　上山寻找更粗的树

（2）幼儿园最粗的树是哪棵呢？

回到教室，他们分享了找树过程中的发现。

冯媛说："大型器械那里高山榕树最粗，因为它看起来就是最粗的。"

俊儒说："花果山上的大叶榕树最粗，因为骁腾藏在后面我看不到他。"

思芃说："高山榕树最粗，因为它比大型树屋还要大。"

熙童说："花果山上的大叶榕树更粗，因为它有很多根露出来了。"

骁腾反驳地说："有很多根的树不一定是最粗的树，我觉得要量过、对比过才能知道哪一棵树最粗。"显然，骁腾对比较物体的粗细有一定的经验。

目测来说，高山榕树和大叶榕树确实不分彼此，可能有些细微的差别。孩子们在这两棵树上产生了争执，都不愿轻易妥协。不过，他们很聪明地提出了测量的办法。

图4-30　分享：我眼中幼儿园最粗的树

图4-31　讨论哪一棵才是幼儿园最粗的树

（3）尝试测量树干的粗细

老师问："要知道哪棵树最粗，你们打算用什么办法去测量？"

冯媛说："围着树走一圈，一边走，一边数数，数得越久，说明这棵树就越粗。还可以用卷尺来测量，在家里妈妈就用卷尺给我量过身高。"

老师问："那你打算用卷尺怎么测量树呢？"

冯媛边说边用手比画了一个圆圈："用卷尺把树围成一个圈。"

景汀说："围着一棵树，从一个点开始走，绕一圈看看我们走了多少步，走的步数越多，说明这棵树越粗。"

熙童说："还可以用积木把树围住。"

老师问："用积木把树围住之后怎么判断树的粗细？"

熙童说："用一样的积木把树围起来，如果用的积木越多，树就越粗。"

萧腾说："我们可以手拉手围一个圈圈抱着树，看看需要多少个小朋友，小朋友越多，说明树就越粗。"

景汀说："用绳子围住树，谁用的绳子长，谁就比较粗。"

老师笑着点点头说："这些办法听起来都可行，你们可以去试一试。"

看来中班的孩子已经能很好地从日常生活中迁移经验，并运用到新问题的解决中来。哪种方法可行，亲自试过才知道。

图4-32　讨论测量的方法

图4-33　讨论出的测量方法

图4-34　用绳子测量

图4-35　用卷尺测量

图4-36　用积木测量

图4-37　数步数测量

图4-38　手拉手测量

图4-39　绕圈数数测量

　　每个测量小组都遇到了问题。积木小组测量高山榕树的时候发现积木不够，跑到教室又拿了一些过来才把高山榕树围成一圈；卷尺小组用卷尺紧紧围住树干，但是却不懂读数，最后请老师帮忙读出数据；绳子小组经常忘记测量长度的位置，后来他们想出在绳子上绑一个结作为长度标记的方法；数步数小组经常会多走步数，直到后来搬了一个箱子做记号才数得准。

　　办法永远比问题多，虽然测量过程遇到了各种各样的问题，但是孩子们总能很巧妙地想办法解决，我们不禁惊讶于他们解决问题的能力。

　　（4）讨论分享：哪棵树最粗？

　　回到教室，大家对测量结果进行了分享与比较。

俊儒说："我是用卷尺来量，高山榕树是7米50，花果山上的大叶榕树是6米50，所以高山榕树是最粗的树，因为它更长。"

景汀说："我用绳子量的，围住高山榕树的绳子比大叶榕树的要长。所以高山榕树比大叶榕树更粗。"

冯媛说："高山榕树要粗一点，因为我绕着高山榕树走一圈一共走了20步，而大叶榕树走了18步，20比18多。"

骁腾说："高山榕树需要10个人才能抱住，大叶榕树只要8个人，高山榕树更粗。"

嘉艺说："我是绕着树一边走一边数数，绕大叶榕树一圈我数了15下，高山榕树19下，高山榕树要数得更久一点，所以它更粗。"

思芃说："高山榕树比大叶榕树粗，因为高山榕树我们用了47块积木，大叶榕树用了31块，高山榕树用的积木比大叶榕树多了很多。"

经过测量和比较，孩子们最终确认了幼儿园最粗的树——高山榕树。

图4-40　分享测量结果（1）

图4-41　分享测量结果（2）

图4-42　卷尺测量记录

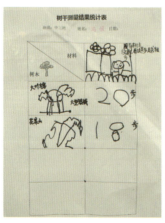

图4-43　数步数测量记录

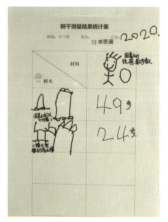

图4-44　积木测量记录

2. 幼儿园最高的树

（1）讨论：幼儿园最高的树

在寻找最粗树组去确认木棉花树是不是幼儿园最粗的树的同时，寻找最高树组也出发去寻找幼儿园最高的树。

图4-45 孩子们找到最高的树（1）

雨昕说："高山榕树最高，因为高山榕树穿过树屋的屋顶，所以是最高的。"

禹鑫说："小叶榕树最高，因为它比我的身高要高很多。"

沁灵说："花果山上的木瓜树最高，因为木瓜树的树干很直，最顶上才有叶子，而其他的树在很低的地方就长叶子。"

骐玮说："我也觉得木瓜树最高，因为它比周围其他树都高。"

奕骁说："小二班门口的木棉树最高，因为它的树干弯了一下。"

芃芃说："高山榕树最高，因为树越粗，它就越高。"

图4-46 孩子们找到最高的树（2）

珈祯说："枇杷树最高，我在树下抬头往上看都看不到树顶。"

若熙说："枫树最高，从下面看好高好高，看不到顶，顶是天空。"

老师问："树顶是一棵树最高的地方，判断一棵树有多高要看到它的树顶在哪里，怎样才能看到树顶呢?"

若熙说："站在一个超级高的地方去看。"

皓宸兴奋地说："花果山上的瞭望塔是幼儿园最高的地方。"

诗悦说："还有小班综合楼的楼顶也很高。"

孩子们根据自己的经验对树的高矮进行了判断，每个人的观点都不一样。有的认为树干长，树就高；有的认为看不到树顶，树就高；有的认为树开叉的地方越高，树就越高；有的认为树越粗，它就越高。老师认真地倾听了每一个孩子的想法，了解到他们的经验水平。有意义的学习不只是获取新的知识，巩固旧的经验、纠正错误的观念也很重要。最终，大家决定去瞭望塔和综合楼楼顶亲自看一看。

图4-47　分享：幼儿园最高的树

图4-48　花果山上的枫树最高

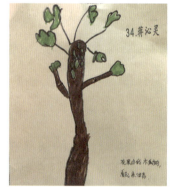

图4-49　花果山上的木麻黄最高　　图4-50　二楼草地的高山榕树最高　　图4-51　花果山上的木瓜树最高

（2）站在幼儿园最高的地方找最高的树

在瞭望塔和小班综合楼楼顶能不能看到最高的树，它是哪一棵呢？

若熙说："当我爬到瞭望塔二楼的时候没有看到全部树的树顶，我就爬到三楼，首先看到木麻黄树是最高的树，但是我转身一看，发现枫树比木麻黄树要高。"

珈祯说："我在小班综合楼（楼顶）看到所有树的树顶啦，我发现木麻黄树最高，比二楼草地的高山榕树高很多。"

若熙反驳道："不对，枫树最高，它被挡住了，从小班楼顶看不到，但是从瞭望塔能看见。"

通过目测，他们判断木麻黄树和枫树是幼儿园最高的两棵树。孩子们总是习惯于用自己的直接经验去判断，并没有考虑到地势高低的问题。大家兴致高昂，到底木麻黄树和枫树哪一棵更高？老师提议孩子们回家和爸爸妈妈一起想想办法。

图4-52　在瞭望塔顶找最高的树

图4-53　在综合楼楼顶找最高的树

图4-54　在瞭望塔顶看到枫树和木麻黄树最高

图4-55　在瞭望塔顶能看到全部树的树顶

（3）讨论测量树高度的方法

第二天晨会时，大家分享了各自找到的测量高度的方法。

思洋说："用绳子来量，一个人爬楼梯爬到树的顶端，在上面拉绳子的一端，另一个人在下面拿着绳子的另一端。"

珈祯反驳道："测量树的高度是从树的顶端一直量到树的最下面，但是树的顶端是小小的树枝，没办法爬到顶端。"

若熙说："我们可以用超级高的梯子爬上去然后用尺子量。"

皓宸说："我知道消防梯很高很高，但是我们没有消防梯。不过，可以用无人机把树的照片拍下来，测量照片或者用直升机来测量。"

诗悦说："我们拍照的时候，照片很小，但是树其实很大很高，拍下来的照片把树变小了。"

图4-56   分享找到的测量方法

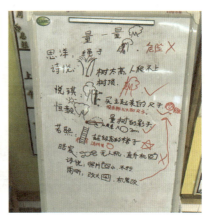

图4-57   测量树高度的不同方法

恒熠说："我爸爸说，当太阳出来的时候，树有影子，我们可以测量树的影子。"

诗悦说："矮矮的树的影子可以测量，但是木麻黄树和枫树都太高了，它们的影子比两层楼还要高，而且被其他东西挡住了，量不了。"

老师说："测影子难度比较大，就像诗悦说的，木麻黄树和枫树的影子会被挡住，很难量到影子真实的长度。虽然有效，但是实施起来有些难度。"

悦琪说："我爸爸说有一把自己就能立起来的尺子，不用手扶，它能直接量到树顶，它叫激光测距仪。"

诗悦一脸怀疑地问："真的有这种自己立起来的尺子吗?"

悦琪说："我爸爸说商店有的卖，不过我们家没有。"

老师提议："那我们去问问园长，看看幼儿园有没有这种尺子?"

晨会后，他们迫不及待地跑去问园长幼儿园有没有激光测距仪。

（4）用激光测距仪测量

恰好幼儿园的新园在装修，装修队的吴叔叔就有一个激光测距仪，园长帮大家借来了激光测距仪。第一次看见激光测距仪，孩子们个个都很兴奋，争先恐后地"把玩"它。

诗悦突然问："园长，怎么没有尺子呀，那我们怎么量树的高度呢?"

若熙也附和着说："是啊，怎么用呢?"

园长说："我也没有用过这个测距仪，不知道怎么使用，不过我可以请装修队的吴叔叔来帮忙。"

吴叔叔不仅给大家演示了使用激光测距仪的方法，而且帮忙一起测量了木麻黄树和枫树的高度。在他的帮助下，孩子们很快知道了木麻黄树和枫树的高度：枫树的高度是8.516米，木麻黄树的高度是6.832米，原来枫树比木麻黄树要高。

图4-58　测量枫树

图4-59　测量木麻黄树

图4-60　记录树的高度

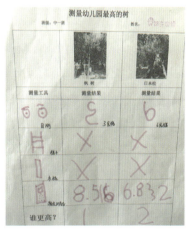

图4-61　枫树和木麻黄树的高度记录单

（5）意外发现：幼儿园最高的树是高山榕树

①高山榕树比枫树还高

老师拿着激光测距仪随机量了一下高山榕树，发现它竟然比枫树还高。

老师说："我刚刚用激光测距仪量了下二楼草地的高山榕树，它的高度是11.824米呢！"

孩子们不敢置信。若熙率先打破了安静，说："啊！真的吗？它竟然比枫树还高？"

皓宸说："哇，那它不是比枫树还高呀？但是我觉得小一班门口的木棉花树也很高呀。"

沁灵说："高山榕树不是幼儿园最高的树，我觉得绳索区的小叶榕树最高。"

珈祯斩钉截铁地说："不可能，枫树才是幼儿园最高的树，我在小班综合楼六楼看高山榕树，它在我的眼睛下面，都没有六层楼高。"

皓宸说："那我们用激光测距仪把这些树都量一下，看看哪棵树最高。"

图4-62　测量小叶榕树

图4-63　测量木棉花树

②原来幼儿园最高的树是高山榕树

孩子们拿着激光测距仪把他们认为比高山榕树要高的树都量了一遍，最后发现，高山榕树比其他的树都高。

老师问："为什么枫树看起来比高山榕树要高，但实际上经过测量后又不是最高的呢？"

珈祯说："因为枫树长在花果山上，花果山是幼儿园最高的地方，而高山榕树在二楼草地，花果山比二楼草地高，所以枫树看起来较高。"

图4-64　测量高山榕树

若熙说："（判断）树的高度要看树最底下到树顶有多长。"

诗悦说："我现在知道了，我以前以为花果山上的树才是最高的呢。"

老师说："对，判断一棵树的高度，要看树露出地面的根部到树顶的距离，树干长，树也不一定高，树所在的位置高，它也不一定高。"

老师无意的一次测量帮助孩子们厘清了判断一棵树的高度要注意的问题，纠正了他们原有的错误观念。寻找幼儿园最粗和最高的树的活动是由问题生发出来的，展示了孩子们解决问题的过程，它充分体现了探究活动的内在核心——提出问题和寻找答案。孩子在过程中主动学习，通过解决问题达到学习的目的。

图4-65　幼儿园最高的树记录

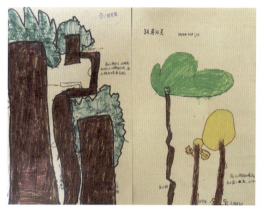

图4-66　高山榕树最高，木棉花树第二，小叶榕树第三　　　图4-67　最高的树是高山榕树

给树做个树牌吧！

认识了幼儿园的树之后，为了让更多的人也能认识这些树，孩子们决定给树做个树牌。

1. 设计树牌

老师问："给树做树牌，树牌上要有些什么内容呢？"

舒锦第一个站起来说："树牌上肯定要有树的名字。"

"不过，小朋友都不认识字，除了写上名字外，还要画上树的样子，树的叶子和果子，他们一看就知道是什么树。"静轩补充道。

玄希说："还要写上中七班，告诉其他小朋友是我们班制作的树牌。"

可馨说："是呀，我们还可以写上日期，别人一看就知道树牌是什么时候做的。"

老师说："你们的想法都非常好，那用什么材料来制作树牌呢？"

静轩说："用纸来制作树牌，把树的名字都写在纸上，然后用胶带把纸贴在树干上。"

可馨连忙说："不好，用纸的话下雨了很快就会烂掉而且容易被风刮走。木工区有很多木板，我们用纸先画好树牌然后把纸贴在木板上。"大家都觉得可馨的建议不错，决定试一试。原来他们不仅会设计树牌，而且对选择制作树牌的材料也有经验，知道户外经常刮风下雨，需要用不容易腐烂的材料来做树牌。

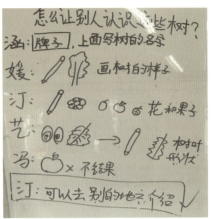

图4-68　谈话：树牌上有哪些信息？　　　　　　　　图4-69　树牌上的内容

2. 制作树牌

经过统计树及树的分类活动，大家已经非常熟悉幼儿园有多少棵树，多少种树，知道要做多少个树牌。老师从木工区拿了很多木板回教室，每天的区域活动，他们都主动到美工区设计树牌。一周后，孩子们相继做好了树牌，老师带着他们给幼儿园的每棵树都挂上了树牌。

玄希心满意足地说："这下每棵树都有名字啦！"

舒锦开心地说："以后当我不认识树的时候，看看树牌就知道了。"

他们还特别给高山榕树做了"最粗"和"最高"的树牌。这棵最粗和最高的树成了大家的关注点：它多少岁了？它是怎么长成这么粗、这么高的？它有多少个树枝？它的树顶有没有鸟窝？……

图4-70　孩子正在设计树牌（1）　　　　　　　　图4-71　孩子正在设计树牌（2）

图4-72　孩子制作的树牌

图4-73　挂树牌（1）

图4-74　挂树牌（2）

图4-75　"最高的树"树牌

图4-76　"最粗的树"树牌

故事感悟

　　找一棵树，走进它的生命故事，这也是接触自然的一种方式。中班的幼儿对幼儿园的树的好奇与兴趣总是如此多。我们希望孩子喜欢树、研究树，支持他们去通过大胆猜想和实际行动去获取信息与反馈。在这里的每一棵树都是"教学树"：抚摸它、亲近它，可以帮助我们与大自然建立更亲近的关系；研究它、探索它，可以帮助我们把已知与未知紧密连接，并不断扩大我们已知的象限。幼儿寻找每一个关于"树"的答案的过程（统计数量—认识树—测量最粗和最高的树—给树做树牌），是标志着自己认知地图坐标、然后不断找寻下一个坐标的过程，最后把所有标记的坐标连接起来，就成了他们的经验版图。也许他们现在对树的探索还停留在我们所认为的粗浅表层，但是在这片自然的后花园中，我们相信他们已经与自然建立了某种神秘的联系，这种联系将不断地吸引他们往更深处走去。

∽ 评估是"平平的蘑菇"吗？ ∽

班　级：大班

持续时间：2019年5月6—24日

　　5月初夏，如期而至，幼儿园即将迎来第五次广东省一级幼儿园复评。假期后的第一个星期一，老师在晨会时例行向孩子们做每月大型活动预告。

　　听到老师说幼儿园即将会有评估活动，孩子们充满了好奇，纷纷提问：

　　霄翰问："评估是什么东西呀？"

　　延维问："老师，什么是'评估'？是平平的蘑菇吗？"

　　歆懿问："是有很多人来参观我们幼儿园吗？"

　　清清大笑说："哈哈哈，是可以吃的蘑菇吧？"

　　……

　　评估工作是幼儿园一件重要的事情。作为幼儿园的小主人，"评估"也是孩子们生活中的一件大事。对于他们提出的这些问题，老师们觉得有趣又好玩，想不到一次例行的每月大型活动预告会引发孩子这么多的关注和思考。他们的反应也引起了老师的思考：孩子们会怎么看待我们大人如此重视的评估工作？他们会有怎样的想法呢？假如让孩子们参与评估准备工作，他们会给我们带来什么样的惊喜？

　　于是，老师决定放下当天预设的晨谈话题，开始和孩子们聊起关于"评估"的话题。

5月6日　评估是"平平的蘑菇"吗？

　　老师认真地聆听着孩子们的问题，对他们的好奇和想法表示欣喜与重视，问："你们认为'评估'是什么？"

延维问："评估是可以吃的平菇吗？"

霄翰的普通话不大标准，他说："是平底锅吧？"

玥君反驳道："不对，评估是评委、是导演。"

思如问："他们要来幼儿园吗？"

老师说："是的，到时候会有叔叔阿姨来到幼儿园。"

宇恒问："那评委是来看我们幼儿园的饭菜香不香吗？"

思琦说："是要看我们表现乖不乖。"

显嘉问："是因为我们要毕业了，所以来看我们的吗？"

涵涵说："可是我们毕业了还有弟弟妹妹呀！"

泊皓说："我觉得是幼儿园太好玩了，他们想过来看一看。"

诗悦说："我同意泊皓说的，因为我们幼儿园太漂亮了。"

老师说："你们的想法都很有意思，如果你们想要更清楚地知道'评估'是什么，应该怎么去找答案呢？"

延维说："我觉得可以回去问爸爸妈妈。"

图5-1　晨谈活动

图5-2　为什么要评估

皓宇说："问园长呗，幼儿园的事她都知道。"

旁边的玥君说："对啊，上次写信去小学就是问的园长！我们去找张园长！"

老师点点头说："好主意，你们把想要问的问题准备好，做好计划，我们一起去找园长！"

大班级组的碰头会上，老师们在交流时发现大班各个班级的孩子们对"什么是评估""为什么要评估""评估评什么"三类问题产生了很多疑问。难得整个班的孩子都对同一件事如此关注，综合多方考量，老师们开始思考如何跟随孩子的兴趣展开相关的活动。

5月7—9日　采访园长

要去采访园长可要提前做好规划和准备。孩子们已经把采访张园长的问题单画好，经过班级推选成立了采访小分队，有着丰富采访经验的小分队利用区域活动时间来到了园长办公室。

霄翰问："园长，听说我们幼儿园要评估，你可以告诉我们什么是'评估'吗？"一旁的延维追问道："评估是不是可以吃的平平的蘑菇？"

园长说："你的想法很有意思。不过我们说的评估不是可以吃的蘑菇。评估就是会有一些专家叔叔和阿姨来看一看我们幼儿园办得好不好，看一看小朋友在幼儿园有没有学到本领，检查幼儿园的卫生情况，还要了解一下爸爸妈妈对幼儿园满不满意。最重要的是看一看小朋友们在幼儿园生活得开不开心。"

歆懿说："我觉得我们幼儿园很好呀，为什么要评估呀？"

园长说："是为了让我们的幼儿园变得更好，让所有幼儿园的小朋友都能够生活和学习得更好，所以他们要来看看我们做得怎么样，还有哪些地方需要改进。"

泊皓问："那他们是怎么评估的呢？"

园长说："我们会准备一些资料，比如小朋友开展过的活动、爸爸妈妈参与过的活动资料；他们还会参观一下我们的幼儿园，看看玩具够不够，还会到教室里看看小朋友们上课，看看你们都学些什么本领。"

沐恩问："我们要不要告诉他们幼儿园哪里最好玩？"

园长说："当然可以，你们也可以用自己的办法告诉来评估的叔叔阿姨，幼儿园有哪些好玩的地方、有什么好玩的活动。"

采访结束后，孩子们回到教室，立马手舞足蹈地把园长的话转告给了全班的小伙伴。采访小分队还将他们采访的内容记录下来分享给其他班级的小朋友。

图5-3　把问题告诉张园长

图5-4　采访张园长

图5-5 分享采访内容　　　图5-6 把采访过程记录下来（1） 图5-7 把采访过程记录下来（2）

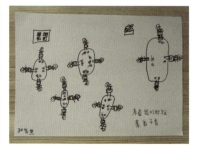

图5-8 评估是有客人来看幼儿园　　图5-9 评估是有客人老师来看幼儿园　　图5-10 看我们的饭菜香不香

5月10—17日　我们也要做点什么

　　得知"评估"是有专家来了解幼儿园、了解他们生活和学习的情况后，大家都很兴奋。他们又开始讨论，可以做点什么让评估专家更加了解幼儿园。

1. 幼儿园好玩的地方

　　梓懿问："怎么才能让他们知道幼儿园有哪些好玩的地方呢？"

　　皓宇说："等他们来我们告诉他们。"

　　霄翰说："或者等他们来了，我们带他们去玩一玩。"

　　老师说："可是评估专家只来一天，而且他们还要看很多资料呢。"

　　沐恩说："不如我们把那些好玩的地方画下来，他们看了就知道了呀！"诗悦和皓宇赞成沐恩的建议："我觉得这个方法很好，我们全部画下来，再写上介绍的话。"

　　老师："这个方法不错，你们可以商量一下每个人负责介绍哪个好玩的地方，不然画重复了。"老师让孩子们和大家一起分享"幼儿园最好玩的地方是哪里",并且要求孩子们详细告诉大家"你为什么觉得这个地方好玩"。

玥君说:"二楼的大型器械很好玩,我画二楼的大型器械区。"

邹楠说:"我来画骑行区,因为我在这里当过交警。"

承希说:"我也觉得骑行区好玩,可以去花果山。"

老师说:"可是邹楠画了骑行区,那你画什么呢?"

承希说:"那我来画野炊区吧,因为那里可以煮很多很多好吃的。"

霄翰说:"我觉得花果山上的攀爬路很好玩。我画这个。"

经过计划,最后大家都确定了自己要介绍的幼儿园最好玩的地方。他们开始利用每一天的区域活动时间到美工区进行绘画活动,有的画了花果山,有的画了树屋,还有人画了玩水区的喷雾,子杰和梓懿还专门制作了目录页……

图5-11　画一画最好玩的地方（1）　　图5-12　画一画最好玩的地方（2）　　图5-13　画一画最好玩的地方（3）

 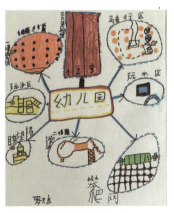 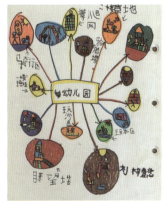

图5-14　画一画最好玩的地方（4）　　图5-15　幼儿园最好玩的地方（1）　　图5-16　幼儿园最好玩的地方（2）

图5-17　好玩的大型器械区

图5-18　从骑行区开小车到后山

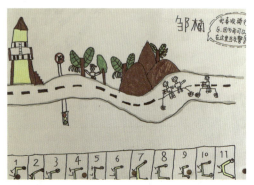

图5-19　在骑行区当交警

图5-20　野炊区可以煮好吃的

图5-21　幼儿园好玩的地方

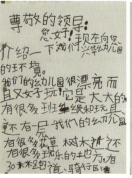

图5-22　资料册介绍

大班的孩子有丰富的表征经验，在绘画的过程中，他们一边畅谈自己认为最好玩的地方，一边设法画得让评估专家一看就知道哪里"最好玩"，比如花果山的瞭望塔可以看到很远的地方、山顶有很多花草虫鸟、骑行道可以从山脚绕骑一圈、野炊区可以煮好吃的……

所有作品完成后，老师建议大家把作品装订成一本资料册。

承希说："如果做成资料册，那我们还要设计封面呢。"

霄翰说："是啊，封面还要写上名字和出版社。"

梓懿说："我们还可以用一些漂亮的装饰，把这本册子装扮得更好看。"

子杰说："我会写很多字，我还可以写一个欢迎的话。"

分工明确了——子杰会写很多字，所以他负责写资料册的介绍；梓懿、邹楠、沐恩喜欢做手工，他们负责装饰部分；承希和霄翰打算一起设计制作资料册的封面和封底；延维和显嘉则负责装订……在大家的共同努力下，《幼儿园好玩的地方》正式完成啦！大家纷纷过来翻看，哇！原来我们的幼儿园有这么多好玩的地方呢。

2. 幼儿园好玩的活动

当大二班孩子们如火如荼地将"好玩的地方"制作成册时，大三班的孩子们也热火朝天地讨论着。

语晨说："如果他们要知道我们做过什么活动，我们可以告诉他们，也可以写给他们看。"

老师说："专家们要看我们从小班到大班开展过的活动哦，你们还记得都开展过哪些主题活动吗？"

语晨说："我记得小班的时候我们做了'我自己'的主题，我还带了我小时候的照片过来分享了！"

思语说："我也带了我小时候的照片，还有我和爸爸妈妈的合照。"

嘉嘉说："还有'颜色'，那时候我们每一组的小朋友穿不同颜色的衣服来上学，还吃了不同颜色的水果呢！"

智航说："谭老师给我们买了蜗牛，我们也做了'蜗牛'的主题活动。"

珈玮说："我们中班的时候做了'数字'的活动，认识了汉字数字和阿拉伯数字。我们还给幼儿园的楼梯贴了数字标识呢！"一旁的思如兴奋地附和道："记得记得！幼儿园楼梯的数字是我们一层一层楼地贴上去的呢！"

子璇说："还有现在做的'我上小学'的主题，我们还去宝民小学参观了。"

婧雯说："还有露营，我最喜欢在幼儿园露营了，那天还是我的生日呢。"楷楷应声道："那是我第一次晚上在幼儿园睡觉呢。"

文骏说："还有我们设计的'兴华号'（船），还有野炊。"

……

孩子们的争相回答让老师备感意外。总觉得他们这么小，怎么会记得一年前、两年前的事情，从他们的回忆中可见，这些活动他们竟然历历在目。果然，只要愿意放手，孩子们就会回馈更多的惊喜。一本《幼儿园好玩的活动》就这样诞生了。

图5-23　画画我的主题活动（1）

图5-24　画画我的主题活动（2）

图5-25　我做过的主题活动（1）

图5-26　我做过的主题活动（2）

图5-27　我做过的主题活动（3）

3.《幼儿园的人》《我的运动》……

除了好玩的地方、好玩的活动，为了让评估专家更了解幼儿园，孩子们还制作了《幼儿园的人》《我的运动》《幼儿园三十周年生日》等系列资料册。

萱萱说："一定要给叔叔阿姨介绍焦园长，焦园长会来和我们一起吃饭，真是太幸福了。"

君越说："张园长每天都会在门口和我们说早上好。"

文杰说："杨伯（花匠）帮我们照顾幼儿园花花草草，也要介绍。"

"还有医生姐姐。"

"还有木工师傅刘伯伯。"

……

图5-28　和我们一起吃饭的焦园长

图5-29　幼儿园的张园长

图5-30　幼儿园的刘园长

图5-31　上体育课的邓老师

图5-32　木工师傅刘伯伯

图5-33　保安叔叔

图5-34　我的运动（1）

图5-35　我的运动（2）

图5-36　特色活动（1）

图5-37　特色活动（2）

孩子们用制作画册的方式将留存在自己记忆中的惊喜呈现出来，他们变身小画家，用画笔述说自己幼儿园里发生的一点一滴，形成了一本本生动形象、稚拙有趣、触感温暖的"兴华幼儿园评估资料册"。

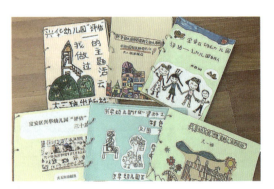

图5-38　特别的评估资料册

5月20—24日　别样的迎评准备

资料册制作完成后，孩子们又开始"操心"评估工作。

君越问："评估那天我们可以做些什么呢？"

"我们要把自己的物品收拾整齐。"

"见到客人要有礼貌地问好。"

"还有那天不能迟到，上学不迟到，要参加晨练。"

"洗手要洗干净，讲卫生。"

林赫灵机一动："我们要写欢迎牌，他们来的时候要表示欢迎。"林赫的建议得到了大家的一致赞成，他们纷纷想出了各种欢迎评估组来园的妙招：

"我们可以去木工区找一些木块做欢迎牌！"

"去木工区看看上次我们做房子的材料还有没有，可以在欢迎牌上制作一些房子的装饰。"

"他们来的人多不多？我们应该在他们的位置上写上名字，这样客人来了就知道他们要坐在哪里了。"

"我们幼儿园太大了，万一客人来了找不到人怎么办？"

"要不我们给每个办公室做一个提示牌吧！"

......

老师认真聆听了孩子们的想法，非常支持，也提出了一些问题："离评估工作开始还有3天，你们打算怎么做？"

孩子们说："我们每天在开展区域活动的时候就可以做，每个人做自己负责的部分。"

老师说："非常好的办法。评估的资料很多，也许我们还可以给来评估的客人准备一些装东西的袋子。"

晓嘉说："那我们还可以做一些好看的袋子，给客人装东西。"

5月24日，我们迎来了省级评估组的专家们。园长和老师把孩子们精心准备的资料册和欢迎牌、名字牌、礼物袋郑重其事地摆在会议室。评估专家们也纷纷被孩子们的用心打动。

图5-39 迎评准备——我们可以做什么

图5-40 做特别的名字牌

图5-41 做"门牌"

图5-42 做"资料袋"（1）

图5-43 做"资料袋"（2）

图5-44 做"资料袋"（3）

故事感悟

　　重温大班级组的"评估"主题活动，故事的现场仍历历在目。这一切是意外之喜，但又像冥冥中注定一般。"评估"对幼儿园来说常常都是一项艰巨而严肃的工作。从"评估"的话题发生，到作为幼儿园的主人，幼儿为评估工作所做的一系列付出，我们都能从中触摸到"好的课程"的本身——幼儿积极参与平凡的日常生活，并能从中获得快乐和使命感。"一日生活皆具教育意义"，幼儿园生活本身就无法与幼儿分割，基于幼儿的话语、想法和行动，单调枯燥的评估工作也可以让人惊讶于它被赋予的温度和情感。而教师正是带着这样的观念，将生活与教育自然呼应。

～ 花果山的故事 ～

班　　级：大班

持续时间：2019年10—11月

　　幼儿园的天然后花园有一座山，山上有丰富的自然资源。为了支持孩子们的自主探究，从2016年起，每一届大班孩子都会围绕这座山开展系列探究活动，发生在山上的故事数不胜数。当第一次把山作为课程资源库时，幼儿园开始有了各种有趣的名字：花果山、白鹅路、石板路、拱门路……或是因为花果山资源的不断调整，或是因为研究时间不一，这座山有了许多不一样的故事。这学期，大班的孩子们又开始"上山"了！他们对花果山的兴趣奇特又有趣，比如说，他们开始纠结要不要给山换个名字……

为什么要叫"花果山"？

1. "花果山"山名的由来

　　当老师把探究主题告诉孩子时，他们对"花果山"的山名产生了极大的兴趣。为什么幼儿园的山叫作"花果山"呢？这个名字是怎么来的？

　　予然说："可能是哥哥姐姐们特别喜欢《西游记》吧。"

　　文俊说："是不是因为我们幼儿园有很

图6-1　幼儿园的花果山

多很多花，所以叫'花果山'？"思语也同意这个说法，说："我想是因为山上有很多花，所以名字里面有'花'字。"

心蓝和思如也补充认为是"山上还有很多果子""山上到处都是杜鹃花"。

彦坤的想法和大家不一样，他说："也许是杨伯告诉他们的，杨伯整天在山上照顾花和树。"

珈伟忽然站起来说："可能是园长起的名字。"

图6-2　"花果山"名字的由来

孩子们你一言我一语，猜想着"花果山"名字的来源。为了弄明白山名是怎么来的，他们还查找了资料、访问了上两届大班的老师、观看以往的视频，原来山的名字是2016届的哥哥姐姐通过征集名字、集体投票选出来的。

2. 我想给花果山换个名字

知道了"花果山"一名的由来，予然有了兴致，他急切地问道："老师，那我们可以给花果山换个名字吗？"

老师说："你想给这座山起什么名字呢？"孩子们脑洞大开，纷纷开始琢磨给山起个新名字。

予然说："我喜欢上山捉蝴蝶，我叫它'蝴蝶山'。"

谢山说："花果山那里有我们最喜欢玩的沙池，我觉得应该叫'沙山'。"

图6-3　给花果山取新名字

思如说："山上最高的地方是瞭望塔，我觉得叫'塔山'更好。"

语晨说："山上下雨之后会在树桩上长出很多蘑菇，我觉得应该叫'蘑菇山'，小朋友比较容易记住。"

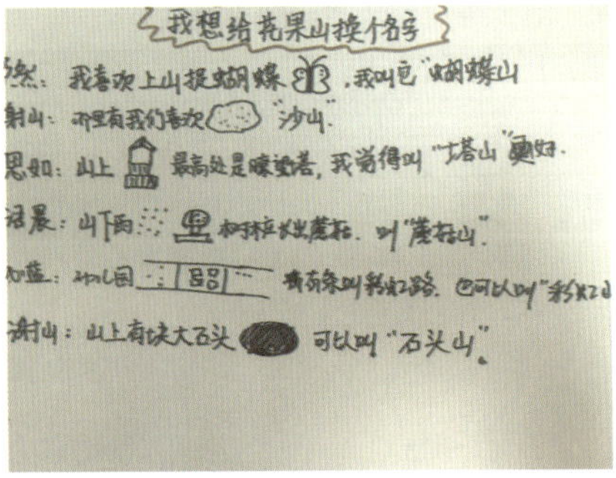

心蓝说："幼儿园的彩虹路是我们起的名字，大家都很喜欢，也可以叫'彩虹山'。"

谢山听完大家的想法，思考了片刻，然后说："上面有幼儿园最大的石头，可以叫'石头山'！"

图6-4　新名字的记录

3. 第一次投票

孩子们给山取了很多有意思的名字，每一个名字都有着充分的理由。怎么从这么多名字选出一个呢？大家决定效仿以前的老办法——投票决定。经过一番投票，"彩虹山"获得了15票，票数最多。可落选的孩子们还是觉得"彩虹山"这个名字不够完美，纷纷找老师再次"推介"自己的想法。

图6-5　给花果山新名字投票　　图6-6　新名字的投票结果

老师想了想，觉得可以等大家对山的了解多一些再做决定。"我们先暂定'彩虹山'这个名字，等我们这个月的活动结束之后，你们再确定是不是要把山名换成'彩虹山'。"僵持在"名字"中的孩子们纷纷表示赞同。

有多少条上山的路？

每天，孩子们都会分享自己在山上的新发现。因为瞭望塔是山最高处，他们经常会比一比从不同的路上山谁能最快到达塔顶。

思如说："我上到最高的瞭望塔上，要经过拱门的楼梯和瞭望塔的楼梯，山上的瞭望塔除了能看到对面的中洲商场，还能看到小朋友们从不同的路上山。"

庄琳说："我和心蓝是从骑行路那里上来的，本来是我和心蓝、珈玮一起上来的，可是珈玮发现了木瓜树开花了，她就去看木瓜树了。"

珈玮点点头说："我们是从不同的路上来的，我从白鹅路那里上来。"

语晨说："我发现了很多绿色的香蕉已经长出来，从攀爬网上去能看到山顶的杜鹃花。"

彦坤说："有很多的路都能上山的。"

兴馨说："以前攀爬网那里是没有（路）的，现在有了。"

图6-7　分享不同的上山路

老师问："你们有没有留意通往山上的路一共有几条？"孩子们分别都只说了自己常常走的路，一共有几条上山的路，大家决定去确认一下。

有关花果山的路，是孩子们最初的发现与兴趣所在，有关"路"的讨论首先在孩子们中间展开，老师提议孩子们去确认，于是他们决定利用户外半日的时间，分组寻找通往山上的路。

1. 统计上山的路

他们开始去确认上山的路的数量。泊皓建议大家分成小组从山的不同方向一起向山顶出发。到了山顶之后，大家聚在一起分享自己的统计结果。

图6-8　从攀爬网上山

图6-9　从玩沙区右侧上山

图6-10　从玩沙区左侧上山

图6-11　从花果山背后上山

图6-12　通上山的路统计结果（1）

图6-13　通上山的路统计结果（2）

2. 小插曲：这算不算一条路

　　一条不完整的轮胎路引发了第二小组的小争论。这条路从山脚上去，上到一半路就到头了。谢山说："这两条轮胎路，一条可以到达山顶，另一条能走到半山坡。"

　　听完谢山的话，珈伟问："这是一条路吗？半山的不能算吧？"

　　宇轩笃定地说："可以上到山顶的就是路。"

　　珈伟不放弃，说："这条路的轮胎只有一半，到这里要上去很困难。"

　　心蓝同意："我们上不去，而且如果下雨的话穿着雨鞋从这里上去很危险。"

图6-14　不完整的轮胎路

　　"对啊，还会摔跤。"立楷也认为这不能算路。他们认为如果走这"半条路"上山会有危险。"别吵了"，隽月制止了这场争论，说，"我们先记录下来，找完其他的路再说。"

　　在寻找路的过程中，孩子们对直接到达山顶的路都一一确认了，对每一条路的不同特征也有了直观可视的认知。但这条只能到半山腰的"轮胎路"算不算上山的路？他们有了不同的意见。

图6-15　讨论"轮胎路"算不算一条路

3. 六条路还是七条路？

　　从山顶下来，老师和孩子们围坐在圆形树屋的阶梯上，老师提议分享各自统计的数量。

　　张宁说："在玩沙区，有两块大石头立着，这里有一条路。"子城和张宁是一起上来的，他说："那个是拱门路，有牌子的。"

　　语晨说："滑滑梯和沙池旁边有一条路，是白鹅路。"

　　予然说："我在柠檬树和杨桃树这里也找到一条上山的路。"

　　钰雯说："杜鹃花旁边也有一条可以上山的路。"他们纷纷记录了各种不同方向的上山路。把大家的发现汇总一起数了之后，子诚高兴地说："一共有六条上山的路呢！"

　　第二小组的谢山摇摇头说："我觉得那半条轮胎路也要算进去，应该是七条路。"

"我们要上去很困难，因为后面没路，要走很陡的地方，还有杂草。"珈玮还是不认可。

图6-16　分享上山的路统计结果　　　图6-17　投票六条路还是七条路

"我们上不去，下雨天我们穿着雨鞋，上去很危险的，所以应该是六条。"心蓝和珈伟意见一致，立楷也连忙补充道："小朋友从这里上去特别容易摔跤。"

听到他们的讨论，老师决定问问其他小组的意见："你们认为这能算一条上山的路吗？"

宇轩说："算，最好可以上到山顶去。"

钰雯说："当然算，这是一条很特别的路。"

谢山说："不算吧，因为要拐到另外一边才能上去。"

隽月说："不算，没有轮胎要爬山，要徒手。"

予然说："我觉得它算也不算。因为没有直接走的地方，但是我们也可以通过这里到达山顶。"

兴馨说："如果算上山的路，那得解决后半段没路的问题。"

老师问："你们认为这条不能算上山的路，是因为走这条路上去会有危险。如果要把它变成一条可以上山的路，我们需要做点什么？"

隽月指着半条轮胎路旁边的石板路说："我知道，我们可以绕过骑行区那边的路，接驳一下。"

诗蕊说："做个牌子，提醒他们后面没轮胎的地方要注意安全呀。"

子心说："对呀，写上注意陡坡，不要踩树叶。"

彦坤说："给它加根绳子，这样就容易往上爬了。"加根绳子可以更安全，张宁马上同意："对啊对啊，这样就不危险了！"

老师说："怎么加根绳子，有详细一点的说明吗？"

珈玮说："我们可以画一下，可以做一个绳梯，可以踩着攀上去的那种。"

把一条不完整的上山路变成一条可以安全上山的路，这可是个不小的挑战，不过这值得我们花时间看看他们打算怎么做。

4. 尝试把路变"完整"

（1）"绳梯太难了！"

张宁、文梵和珈伟想参考绳索区的"绳梯"给这条路也做一个，他们画了草图、找了材料，但在制作绳梯的时候遇到了大难题：绳子太粗，很难打成牢固的网结。

文梵说："啊，绳梯的网结太难打了，（踩上去）老松掉。"

图6-18　寻找"绳梯"的材料

（2）"搬轮胎太重了！"

绳梯的想法失败后，他们灵机一动，想搬一些轮胎上去，把缺失的半条路"补完整"。但是轮胎搬起来可真不轻松，搬上山更加是难上加难。

彦坤和兴馨把轮胎搬到山脚下就搬不动了："太沉了，搬不上去。"其他人也纷纷表示搬轮胎上山太重，还有滚下来的危险，大家决定放弃这个方法。

（3）"做个手拉绳怎样"

又一次的失败让孩子们意识到得重

图6-19　尝试网结

图6-20　合作搬轮胎

图6-21　把轮胎滚到花果山

图6-22　把轮胎搬到山脚下

图6-23　搬轮胎上山

新想一个既安全、又能靠他们自己的力量实现的办法。

张宁说："要不然我们做个手拉绳，就是把绳子固定在山顶，我们走到没路的地方可以拉着绳子上去。"

"对，可以找那种细的绳子，我们刚好可以握住的那种。"

"攀爬网那种（绳子）。"子城立马站起来兴奋地说道。

"绳子上要打结，手就不滑了。""三楼有麻绳。"……这个方法听起来可行，于是老师提议："那你们要先量好绳子的长度，在固定的时候要注意安全。"

图6-24　讨论做手拉绳

图6-25　研究手拉绳的做法

5. 手拉绳大行动

一番讨论之后，孩子们决定用麻绳，同时在麻绳上面打些结方便抓握。他们在三楼美工室找到了适合攀爬的麻绳，但是全部拿下去又太重了，张宁提议找棉绳先去山上量出需要的长度。

（1）测量长度

孩子们分工合作。子城和予然在山顶把棉绳固定住，张宁和思如在旁边把绳子拉

图6-26　美工室找麻绳

图6-27　找棉绳

图6-28　拿棉绳上山测量

图6-29　用棉绳测量长度

图6-30　把绳子拉直

图6-31　在绳子上做记号

直，彦坤和文梵用笔在适合的长度上做了记号。测量完之后回到美工室裁剪麻绳。

思如把麻绳沿着桌子拉直："这里的地方太窄了，绳子没有办法拉直到我们要的地方。"

老师问："那怎么办？"

彦坤看看走廊，提议："去走廊吧，那里宽敞。"文梵和张宁也同意："我们一起抬出去。"果然，有记号的棉绳和麻绳对齐拉直，他们很快裁好了要用到的麻绳。

图6-32　将麻绳沿着桌子拉直

（2）固定绳子

麻绳抬上了山顶，可怎么固定绳子呢？宇轩、庄琳和语晨在山顶上开始寻觅可以作为固定绳子的地点。一开始，他们想参照固定帐篷的方法，在地上打个钉子当桩部。

宇轩说："我觉得把绳子打桩固定在这里很

图6-33　到走廊裁麻绳

图6-34　对准记号裁剪麻绳

图6-35　裁剪好的麻绳

难，这里是很硬的水泥地。"旁边的庄琳点点头说："对呀，我们又不够力气，也没有大的锤子。"

老师问："那你们还有其他的办法吗？比如用绑的办法？"

庄琳环顾了一周，灵机一动说："绑在树上怎么样？"子诚蹲下来看看，说"旁边的树太瘦了，会断吧。"谢山和宇轩也帮忙找有没有更粗的树干，可是旁边的树都比较细。谢山摇摇头说："这些树不够粗，绳子一拉，树容易断，我觉得不行。"

逸恒跑过去拍拍瞭望塔的栏杆，兴奋地说："这里这里！我找到了，栏杆比较牢固。"老师问："你们认为可以吗？"其他孩子纷纷点头："我们试一试吧！"

"我来打结，打网结我最拿手了。"文梵拿起绳子的一端准备开始打结。

宇轩尝试把绳子固定在栏杆上，但他力气小，绳子总绑不稳。

老师问："谁可以帮帮他？"予然走过来，看了看说："这个要打死结，我只会打活结。""没事，你来试一下。"老师鼓励道。旁边的予然看到，说："两个活结打在一起就是死结啦！"

经验丰富的文梵和予然齐心协力，先把绳子绕了一个圈，从下面交叉穿过去打了两个结，最后张宁和彦坤帮忙一起把结拉紧。老师确认了一下网结的牢固情况，说："不错，网结打得相当牢固，你们可以继续看下一步要做什么了。"

他们用打两个活结的方式把麻绳一一拼接起来，为了确保安全，老师帮忙一一检查确认每个网结的地方是否牢固，容易松掉的地方用双单结的方式进行了加固。手拉绳做好了，孩子们跃跃欲试。

老师说："好了，我们来检验一下吧。"

子奕说："我们先一个一个来。"成功了，大家一个接一个拉着绳子顺利爬到了山顶。予然说："试一下两个人，看看绳子会不会断。"试的过程中有一个拼接的地方断掉了，修好后他们继续尝试。两人一组、三人一组、四人一组，最后还尝试了五人一

图6-36　想打桩固定绳子

图6-37　把绳子绑在树上

图6-38　把绳子绑在栏杆上

图6-39　手拉绳做好了

图6-40　拉着手拉绳上山检验

图6-41　拉手拉绳爬上山顶（1）

图6-42　拉手拉绳爬上山顶（2）

组拉着绳子上山顶，最终都成功登顶！

子诚高兴到跳起来："哇！好结实啊！"新路完成后，大家还分别从七条不同的路又登了一次山顶！

孩子们用自己的想法和行动，把一条不完整的路修完整了！从"不完整的路"上山可能遇到的问题，到做绳梯、搬轮胎、绑麻绳、打绳结……这也充分验证了，材料的开放性越高、限制越少、自由发挥空间越大，我们能看到的可能性就越多。

6. 给山路起名字

开拓了一条新路让大家兴奋不已。虽然有七条上山的路，但只有白鹅路、拱门路和石板路有名字。孩子们觉得还是要给所有的路起个名字，方便大家上山。子诚说："攀爬网爬上去就是山顶，我觉得叫攀爬路，小朋友一听就会知道在哪里。"

老师说："所以你是根据路周围的特征取名字的。"

思如说："我觉得这样的名字很好，弟弟妹妹会很容易记得路的名字。"

老师点点头表示同意，说："这是一个非常好的办法。"

钰雯说："有一条路的旁边有很多很多好看的杜鹃花，我们可以叫杜鹃花路。"听到这话，彦坤郑重地说："这样客人老师来了，也知道那里有很多杜鹃花。"大家都笑了。

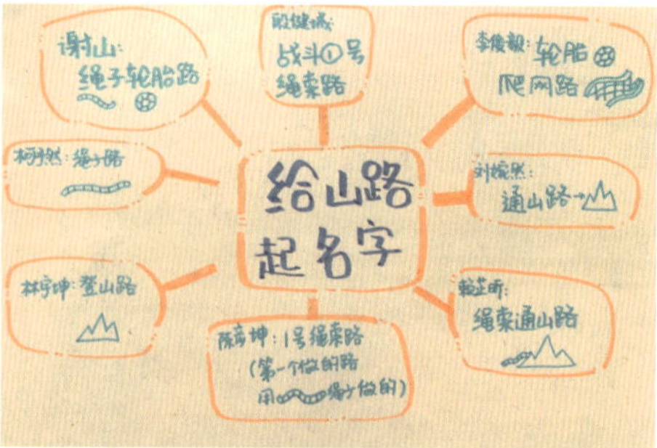

图6-43　给山路起名字

谢山说："我发现了一条长长的用轮胎搭起来的路，可以叫绳子轮胎路。"语晨摆摆手，接着补充说："那还有一条也是用轮胎做的路，如果有两条轮胎山路，小朋友就会搞乱的。"

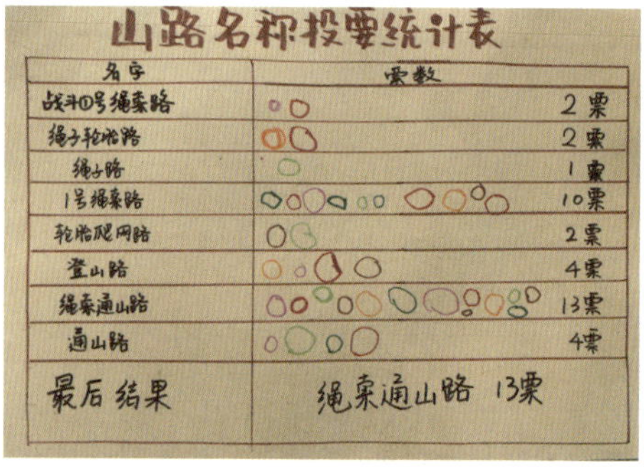

山路名称投票统计表

名字	票数
战斗①号绳索路	2票
绳子轮胎路	2票
绳子路	1票
1号绳索路	10票
轮胎爬网路	2票
登山路	4票
绳索通山路	13票
通山路	4票
最后结果	绳索通山路　13票

图6-44　山路名字投票结果

思如转头跟语晨说："我们做的那条路可以叫绳索轮胎路。有我们绑的绳子呢。"在给这条自己亲自修建的路起名字时，孩子们各有想法：

宛然说："这是可以通往山顶的路，叫通山路。"

彦坤说："那就叫登山路，像我们去宝安公园登山一样，也可以叫绳索路。"……于是，他们开始为自己意向的路名进行了投票，其中彦坤提议的"绳索路"获得了10票，宛然的"通山路"获得了13票。看着这两个名字票数相差不多，谢山建议把这两个名字合并起来叫"绳索通山路"。这个建议竟然获得了大家的一致认可。经过投票，七条路的名称就诞生了：彩虹路、拱门路、白鹅路、攀爬路、水果路、杜鹃花路、绳索通山路。为了让上山的人都知道每一条路的名字，予然和兴馨提议给路做"路牌"，她说："这样大家就可以知道自己从哪里上来的。"

7. 设计路牌

路牌挂在户外，要考虑日晒雨淋的损坏，还要考虑美观简洁的印象，用什么材料不怕淋雨、用什么笔不容易褪色、用什么颜料容易掉色……在讨论中发现，孩子们的经验可谓相当丰富。设计制作路牌、挂路牌、宣传路名，山路的发现在幼儿园里引起了不小的反响：既方便了孩子们上山，对老师来说，又便于我们定位。这实在应该归功于孩子们拥有的充裕的时间和无限的探索热情。

图6-45　设计路牌（1）

图6-46　设计路牌（2）

图6-47　宣传设计好的路牌

图6-48　出发挂路牌

图6-49　分工给各条路挂路牌

图6-50　挂路牌（1）

图6-51　挂路牌（2）

图6-52　挂好的路牌

哪条上山的路最长？

挂路牌的时候，孩子们就开始比哪条路上山最快。他们认为这和路的长短有关系，最长的路上山慢，最短的路上山快。

老师问："所以你们觉得哪条路能最快上到山顶？"

思如说："我知道，我觉得应该是从沙池那边最快上去的。"

子诚说："我觉得应该是从骑行道那条路上去最快。那边的路很好走，我每次从那里跑上去的，很快就能到达。"

图6-53　讨论哪条路最长（1）

心蓝抗议，她说："不是的，那条路有很多很多楼梯，上去要经过很多台阶。"

张宁觉得这样的说法不够准确，他说："要量一下，长的路要走的时间就多一点。但是我们要量了才知道哪条路最长、哪条路最短。"

老师觉得很有趣，量山路可不是一件容易的事。孩子们会量出什么结果呢？

图6-54　讨论哪条路最长（2）

1. 尝试量山路

老师问："你打算怎么测量，用什么工具？"

张宁挠挠头，说："尺子，长的尺子。"谢山说："操作区有软尺。"庄琳不同意，她觉得教室里的尺子太短了，根本拼接不过来。

老师说："尺子太短了，用来量山路有点麻烦，还有什么方法可以用来测量山路？"

予然说："我们可以手拉手，看要多少个人。"看来上次测量操场周长给她留下了深刻的印象。兴馨说："还可以跨步，看看每条路上山要多少步。"

宛如说："用丝巾，一节一节绑在一起，又轻又方便。"

语晨说："可以用绳子测量。先用绳子量，再看绳子有多长。"

彦坤说："用棍子，棍子也可以接起来。"老师点点头，说："这些办法听起来都可行，你们可以去试一试。"

图6-55 讨论测量山路的方法（1）

图6-56 讨论测量山路的方法（2）

看来，大班的孩子们能很好地把自己的已有经验迁移到新问题中来，他们可以根据不同测量物体的特征，选择适当的测量方法。哪一种办法可行？这还要让他们亲自试一试才知道。

图6-57 用棍子拼接测量

图6-58 跨步测量

图6-59 手拉手测量

图6-60 用卷尺测量

图6-61　用纱巾测量（1）

图6-62　用纱巾测量（2）

2. 分享讨论：路有多长

分享的时候，大家把测量的结果进行了比较。他们对每一条路都尝试了不同的测量方法。相比之下，"杜鹃花路"是所有山路中最长的，"白鹅路"最短。

老师问："在你们尝试了的测量方法中，哪些方法是可行的？你们是怎么做的？"

语晨说："用卷尺测量的方法是最快的，彦坤和予然在下面按住尺子的头，谢山和予然就一直走到山顶，子亦在记录，上面有数字，我们一看就知道多少米。"

思如说："用棍子测量有点麻烦，每个人都要把棍子拿好，如果有小朋友没有拿好，棍子就会歪了，我们就很难数。"

彦坤说："用跨步数，我数着数着就忘记了，要重新再来一次。而且有的路不能用跨步，像攀爬网就不行。"

老师问："那用纱巾测量呢，有发现什么问题吗？"

彦坤说："我们在用纱巾测量的时

图6-63　分享山路测量的结果

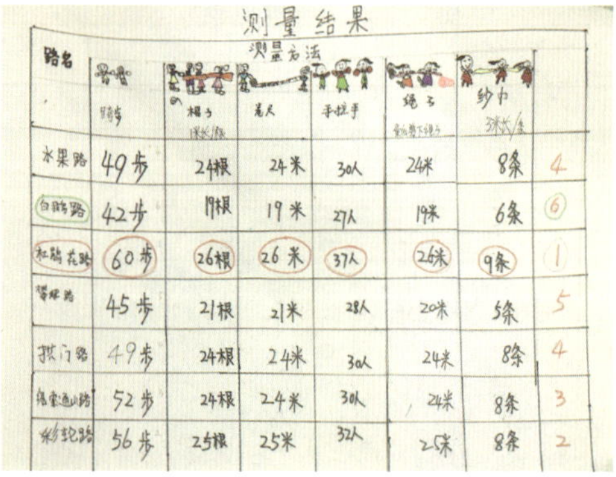

测量结果

路名	跨步数	棍子	身人米	手拉手	绳子	纱巾	排名
水果路	49步	2根	24米	30人	24米	8条	4
白鹅路	42步	11根	19米	27人	19米	6条	6
杜鹃花路	60步	26根	26米	37人	26米	9条	1
攀坤路	45步	21根	21米	28人	20米	5条	5
攀行路	49步	24根	24米	30人	24米	8条	4
绿毛虫路	52步	24根	24米	30人	24米	8条	3
树枝路	56步	25根	25米	32人	25米	8条	2

图6-64　山路测量结果

候，纱巾不够长，要一条一条接起来，可是纱巾太软了，我觉得很麻烦。"

老师细心记录下大家发现的问题，说："所以我们要根据要测量的路，选择适合的测量方法。尝试过之后我们可以发现卷尺测量最简单，也最准确。"老师总结之后，想起"快慢"的争论，问道："那你们觉得，最长的路就是上山花时间最多的路吗？"

彦坤摇摇头："我觉得每次我从杜鹃花路上去都比柯予然快，他爬攀爬网上去没有我快。"

老师问："为什么呢？"予然说："爬上去要的力气大！还要注意安全。"

兴馨说："从拱门路上去也快，那里的石梯很安全，我还可以跑上去。"

老师说："哦！所以我们上山的速度，不仅仅跟路的长短有关系，可能还跟上山的坡度、难度有关系。"

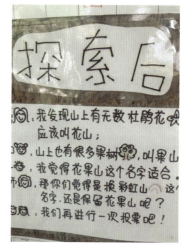

图6-65　探索后给山起的新名字

回归山名：还叫花果山吗？

关于山的探索开展至今，孩子们对山名是否有了更笃定的答案了呢？

老师问："现在你们确定把这座山叫'彩虹山'吗？"

诗蕊说："我发现山上有很多杜鹃花，叫花山挺好的。"确实如此，现在正值花季，山上的杜鹃花开得正灿烂。

图6-66　再一次投票花果山胜出

思如说："山上也有很多果树，叫果山。"老师还没来得及回答，文俊抢先说："我觉得'花果山'这个名字比较合适。我们有了彩虹路，叫彩虹山就重复了，而且花果山上又有花又有果。"孩子们提出的建议总是非要得到答案不可，于是老师提议再投一次票。最终"花果山"这个名字获得最高票。"彩虹山"又叫回了"花果山"。

故事感悟

"彩虹山"又叫回了"花果山"。一座山、七条路，生动地讲述了一段幼儿学习、发现、探索和协作解决问题的故事。山名、路名、山花、果树……这是"花果山"的故事，但故事中不会只有山，更重要的是幼儿和山的互动以及他们互动中的思考和行动。我们常常思考，课程来源于何处？从老师和幼儿的互动中可以有迹可循——基于资源：教师发现课程资源的敏感度；基于问题：根据幼儿经验判断的问题取向；基于幼儿：追随幼儿生成探究的脚步。也正是因为有儿童，才赋予了所有发生在花果山的故事勃勃生机，我们才能真切地感受到自然课程的魅力和力量。

～ 木工区的故事 ～

班　　级：大班

持续时间：2019年3—5月

　　幼儿园二楼户外草地零星摆放着一些孩子们制作的桌椅板凳。这些作品是上一届大班孩子在木工师傅刘伯伯的帮助下制作出来的"第一代"桌椅。由于第一次制作没有经验，所以这些板凳又高又窄，坐起来很不舒服。

　　一天户外活动时，在草地跑累的孩子们坐在附近的板凳上休息。楠楠踢着够不着地的腿说："这个板凳好高啊，我的腿悬在空中了。"

　　喆宽说："这个板凳好小啊，我的屁股都要掉下去了。"

　　娜亿问："这么不舒服的板凳是谁做的呀？"

　　老师说："这是上一届大班哥哥姐姐在刘伯伯的帮助下制作的。如果让你们来设计制作更舒服的板凳，你们想做成什么样子？"

　　楠楠一听马上有了兴趣："我要做一张低一点的，脚可以踩在地上的板凳。"

　　喆宽说："我想做大一点的，这样我的屁股就不会掉下去了。"

　　旁边的森元也加入了"设计"："要设计一张长一点的，这样可以多坐几个人。"看到孩子们对"优化"第一代板凳产生了兴趣，老师决定支持他们去试一试："如果决定重新制作一张板凳，你们可以在区域活动的时候去木工区向刘伯伯请教制作

图7-1　幼儿园第一代板凳

板凳的方法。"

"第二代"板凳会有哪些改良的地方呢？木工区又会"出产"什么有意思的产品？老师和孩子们都充满了期待。

"第二代"板凳诞生记

1. 寻找制作板凳的材料

第二天区域活动时，喆宽、楠楠、森元和娜亿来到木工区寻找做板凳的材料，四个人这看看那摸摸，拿起材料又放下，来来回回走了两三圈始终没有找到合适的材料。木工师傅刘伯看到他们四个举棋不定的样子，就询问他们在找什么材料。

喆宽说："刘伯伯，有没有适合做板凳用的木板呀？"

刘伯伯问："是之前小朋友做的那种板凳吗？"

喆宽连忙摆摆手："不是的，那种板凳不舒服，太窄了，坐得屁股疼，我们要重新做。"

刘伯伯问："你们想要做多大的板凳呢？"

"那个板凳太高了，我的脚都碰不到地面，而且还有点小。"楠楠补充道。

森元说："户外的板凳有点短，我们想做可以坐三个小朋友的板凳。"

孩子们的描述既不具体，又没有可供刘伯伯参考的实物对照。刘伯伯表示不知道他们要多大的木板。

"要不我们去量一下草地上的板凳，这样刘伯伯就知道板凳的大小了。"老师提议道。孩子们欣然同意，四人马上带着卷尺来到草地进行测量。

图7-2　孩子们测量第一代板凳的尺寸

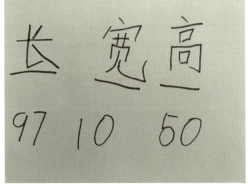
图7-3　第一代板凳的尺寸

2. 新板凳的尺寸

孩子们合作量得第一代板凳的长度、宽度和高度分别为97厘米、10厘米和50厘米。回到木工区森元把测量记录拿给刘伯伯看，还比画着说："我们要做一张比它宽、比它矮的板凳。"有了第一代板凳的数据，刘伯伯马上明白了他们的意图，从木工区找来了一些木板和木桩，把木板搭在木桩上请他们试坐。

楠楠坐上去蹬了一下腿，觉得有点矮了，说："还可以再高一些。"刘伯伯抬高了一些高度。"好了好了，这样刚刚合适。"楠楠说。刘伯伯拿出尺子测量现在板凳的高度，喆宽和森元帮忙读取和记录板凳的高度为25厘米。

按照这个方法，他们在不同宽度的木板上反复试坐，测量出他们认为"最舒服"的板凳宽度为30厘米。

板凳的高度和宽度都确定了，孩子们跃跃欲试。木板的长度太长，放在草地有可能会影响跑动。老师提醒道："你们的新板凳要同时坐几个人呢？"

森元和楠楠异口同声说："三个人，坐三个人最合适。"娜亿也表示坐两个人有点少了。于是，为了测量出板凳的长度，他们三个同时坐上去，用记号笔在木板的两头分别做了记号。

看到三位小朋友紧紧地挨在一起，老师问："座位太挤了怎么办？"

森元左右看了一下说："如果有太阳，坐这么近会很热的，要坐松一点。"

喆宽说："坐得太近会不小心打到别人的，还容易挤着就摔下来了。"

老师说："那你们测量的时候需要留出合适的间距哦！"

孩子们重新坐上去，寻找感觉自己不会影响到旁边伙伴活动，同时又能保持亲密交谈的距离。喆宽和森元分别在两头用记号笔进行标记。最后测量得出板凳的长度为

图7-4　孩子们在木板上试坐

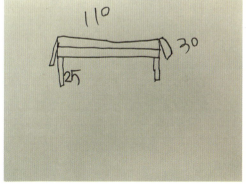

图7-5　第二代板凳的设计图

110厘米。他们把测量的数据记录在纸上，告诉刘伯伯要制作的板凳尺寸，并请他帮忙准备材料。

设计和制作板凳，需要更加具体的尺寸数据。这是孩子们第一次亲手制作板凳，在找材料的过程中，他们努力用语言、身体和行动把自己的需求和想法具体化呈现。可见，在他们看来，办法永远比困难多。

3. 制作板凳

（1）怎么"组装"？

刘伯伯帮忙准备了做板凳需要的材料，可是孩子们看着这堆材料犯了难，他们没有做板凳的经验，怎么把这堆材料组装成板凳的样子呢？

鹏宇拿起两块有斜切面的梯形短木块问刘伯伯："这么短的木块不是我们测量出来的，它有什么用？"

刘伯伯说："这是做板凳固定凳脚的材料，两个凳脚中间要加上一个木块作为固定，这样做出来的板凳才不会摇晃。"

鹏宇和森元听了刘伯伯的解释似懂非懂。刘伯伯说："你们先看我钉一个，然后你们自己去试一试。"做凳脚需要用到三块木板，刘伯伯先用胶水把梯形木块粘贴在两块长方形木板的中间固定位置，再用钉子把两边的木板和木块连接的位置进行再次加固，这样一个凳脚就做好了。

森元拿起刘伯伯组装好的凳脚仔细研究了一下："这样子看有点像三角形的样子。"

鹏宇说："我爸爸说三角形最稳固了，不容易摇晃。"

老师点点头："鹏宇说得没错。所以等会你们组装另一边凳脚时要注意看看是不是也是三角形的样子。"

看了刘伯伯组装凳脚，他们反复研究了一下凳脚的固定流程：先用胶水粘贴固定位置，再用钉子把两边的连接处固定。反复确认了之后，他们决定开始组装另一边。

（2）组装凳脚

①固定位置

楠楠拿起短木块，在斜切面的位置涂满了胶水，然后小心翼翼地把短木块粘在娜亿递过来的凳腿上。娜亿的手上沾了胶水，对楠楠说："你放的胶水太多了，按压的时候胶水都跑出来了，你看我手上都沾了胶水了。"

楠楠有点不好意思地挠了挠后脑勺，说："是有点多，等会儿我少放点就行了。"说完拿起另一块长方形木板，这一次她小心翼翼地慢慢挤出胶水，把另一块长方形木板也粘在梯形木板上，然后把固定好位置的凳脚轻轻地放在地上等待胶水晾干。

森元拿起差不多晾干的凳脚比对了一下，发现两边固定好的位置一高一低："你们看，这两边的木板位置不对，我们做的凳脚是斜的。"

鹏宇把凳脚立起来，发现真的有一条凳腿"没着地"。原来在固定位置的时候，梯形木块没有固定在两边凳脚同一个高度的位置。

鹏宇想了想，说："刘伯伯做的这三个位置是平的（凳脚顶端和梯形木块顶端）。我把它拆下来对着（做好的凳脚）放胶水。"说完，他取下一边凳脚，比对着三块木板的位置，楠楠帮忙把位置不对的木板拆下来重新用胶水粘贴，三块木板的位置终于固定了。

图7-6　孩子们看刘伯伯组装凳脚　　　　　图7-7　孩子们用胶水粘贴木板

②钉钉子

胶水晾干了，他们准备用钉子固定凳脚。平常在木工区孩子们也常常在木板上钉钉子。这次需要自己一手固定钉子，另一手用锤子把钉子钉进去，难度还是不小。楠楠觉得有点费力："这个钉子好难钉啊！我怕敲到我的手。"

老师问："你们有什么好办法可以既能固定钉子的位置，又能保护自己的手？"

森元说："我知道，一只手用钳子夹住钉子，就不会敲到手了！"

楠楠决定试一试。她左手用钳子夹住钉子，右手用锤子敲钉子。一开始还是轻轻地敲，后来她发现即便锤子敲歪了也不会敲到自己的手，于是她加大了力度，钉子不一会儿就被钉进去了，在敲第二枚钉子时，她明显加快了速度。

"你钉歪了，没有钉准。"鹏宇看到楠楠的钉子没有对准板凳腿和梯形木板的连接处，于是提醒。但是专注的楠楠没有听到鹏宇的提醒。这一次虽然钉子敲进去了，但钉子从木块的旁边露了出来，这下楠楠犯了难。

森元主动来帮助楠楠，他用羊角锤的两个角把卡在里面的钉子用力往外拔，拔了几次终于把钉子拔了出来。再一次尝试，楠楠小心地把钉子放在要敲的位置，上下反复确认木板和木块的位置才开始慢慢敲，终于把钉子准确无误地敲了进去，楠楠长舒一口气说："钉钉子是一件不容易的事啊！"

在钉钉子时，不小心敲到手是很常见的事情，但是孩子比我们想象中更聪明，他们会用各种方法保护自己的手不受伤。在木工区，观察模仿、同伴互助是常态。我们也可以看到，鹏宇和森元充分显露了在木工制造中的优势：他们胆大心细、善于发现问题，能根据需要调整工具、调整操作方法。

（3）安装座板

凳脚已经固定完毕，下一步是把座板和凳脚装钉固定。鹏宇和楠楠扶着凳脚，娜亿和森元把座板平放到凳脚上。森元用手轻轻压了一下座板，确定没有摇晃后说："现在放稳了，我们分头钉钉子，看清楚要钉到凳脚的位置才能固定。"

鹏宇连续钉了三颗钉子，但在进去一半之后钉子总是被敲弯了，他急忙跑去向刘伯伯求助。

鹏宇说："刘伯伯，你看我这样敲，它（钉子）总是弯了。"刘伯伯一边示范，一边说："你看，敲钉子的时候要先轻轻敲打，等它钉进去一半，我们再用力把它敲进去。如果它弯了，可以敲一下侧面，把它敲直了再继续敲。"他按照刘伯伯的方法再次进行了尝试，这一次他顺利地把钉子钉了进去，稳稳地固定了凳脚。

图7-8　合作敲钉子

图7-9　固定座板和凳脚

4. 第二代板凳做好了！

最后一枚钉子稳稳钉进去之后，板凳做好了！他们迫不及待地想要坐上去体验自己亲手制作的板凳。

老师说："你们需要检查一下钉子是不是全都钉进木板里面了，有没有裸露在外面的钉子。"四个小伙伴赶紧检查了一下，确认没有钉子裸露后，他们兴奋地坐到板凳上。

鹏宇满意地说："好舒服啊，这是我第一次做板凳。"

楠楠说："我的脚可以碰到地面了。"

刘伯伯问："是你们想要的板凳吗？"

四人异口同声开心地说："是的！就是这样的。"他们郑重其事地在板凳上签上了自己的名字，还跟老师说如果板凳坏了，就由他们负责维修。

老师请他们向全班的孩子分享制作板凳的过程。有孩子表示"一张板凳不够，还要多做几张才行"。于是，楠楠、鹏宇、娜亿和森元当起了小老师。后来，第二代板凳正式投放到户外使用。

图7-10 孩子们体验新板凳

图7-11 在新板凳上签名

图7-12 孩子们制作板凳的表征（1）

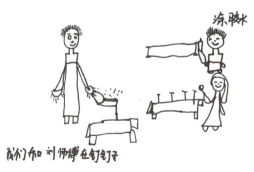

图7-13 孩子们制作板凳的表征（2）

图7-14 投入使用的第二代板凳

制作桌子的新挑战

恰逢分园的野炊区建设完毕即将投入使用，需要一些能放在户外的桌子和板凳。园长提议让总园的孩子做一些桌子板凳送给分园，为两所园的孩子创造一次对话的机会。听说分园的伙伴们需要他们帮忙，大家当然是"义不容辞"了！

喆宽说："我们做了很多张板凳，可以直接送他们几张。"

楠楠说："对呀，板凳我们还有好几张呢。"

根博说："分园的小朋友要什么样的板凳呢？万一他们要的板凳不是我们做好的呢？"

森元说："我也觉得要问一问，不然他们坐起来不舒服，不喜欢我们做的板凳。"

孩子比我们更细心，他们提出设计之前要先确认一下"顾客"的需求，以免做出来的东西别人不满意。

1. 确认需求

大家纷纷表示要先问清楚分园要什么样的桌子和板凳才能开始做。

森元说："我们打电话给他们问一问就知道了。"

老师说："你们有哪些问题要问清楚的？"

喆宽说："问一下他们的桌子和板凳打算用来做什么。"

楠楠说："最好能问一下桌子要多高、多长的。"

鹏宇说："要知道他们要多少张。"

"还要知道板凳要多高。"

……

老师把他们的问题一一记下来，打电话告诉了分园的老师和小朋友。分园很快有了回复：他们需要两张板凳，一张桌子。板凳和他们之前做的一样，桌子要能和板凳匹配，野炊的时候吃饭用。

做板凳，孩子们已经有了相当娴熟的经验，可是桌子怎么做？他们还没有试过。

森元说："桌子我可没有做过，我们需要找刘伯伯帮忙。"

鹏宇说："我们可以照着野炊区的桌子来做。"

娜亿说："野炊区的桌子太长了，我觉得绳索区的桌子合适。"

楠楠说："绳索区的桌子有点高，我们做的板凳是矮的，我觉得桌子也要矮一点才行。应该去看看野炊区的桌子，那个矮一些。"

老师提议他们先去体验一下，说："你们可以去野炊区和绳索区体验一下再做决定。"

2. 桌子的尺寸

喆宽、娜亿、森元和楠楠来到野炊区体验这里的桌子和板凳的匹配度。试坐之后，孩子们认为桌子太长了，但是他们觉得桌子的宽度和高度很合适，他们量得野炊区桌子的高度是57厘米、宽度是53厘米。接着他们来到绳索区，发现绳索区的桌子有点高了，但是这里的桌子长度100厘米，和板凳的长度比较合适。

楠楠说："桌子的尺寸确定了，我们要做一张长100厘米、宽53厘米、高57厘米的桌子。"

森元说："我们就要四个桌脚的木板，还有一块大木板当桌面。"

喆宽说："那我们快点去刘伯伯那里找材料吧。"

他们来到木工区，把桌子的尺寸给了刘伯伯，请他帮忙准备做桌子用的材料。

图7-15　测量绳索区和野炊区的桌子

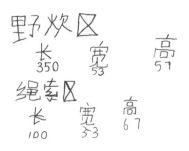
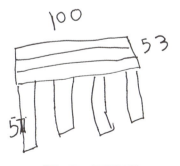

图7-16　野炊区、绳索区桌子的尺寸　　　　图7-17　桌子设计图

3. 尝试制造桌子

（1）固定桌脚

怎么把材料组装成桌子？这比制作一张板凳难多了。木工区的操作桌边上的上一届大班孩子留下的桌子制作流程图给他们提供了重要的参考。原来组装桌子，也是先固定桌脚，再把桌面和桌脚组装固定。和做板凳不一样的是，桌脚之间的固定是用四块木板连接固定，桌脚和桌面与地面都是垂直的。

喆宽不解地问："为什么要用木板把桌脚连起来呢？直接把四只脚和桌板钉起来不就可以了吗？"

刘伯伯说："直接钉起来也可以，只不过这样的桌子用久了容易摇晃。用木板把四只桌脚连接固定，桌子会更牢固。"

孩子们恍然大悟："原来四只桌脚是这样固定的。"四只桌脚的固定需要他们合作才能完成。固定桌脚的过程中，除了要解决桌脚的牢固问题，还要特别注意连接桌脚的

图7-18　用木板连接桌脚

图7-19　确定同一水平高度

图7-20　用钉子固定木板

图7-21　将四只桌脚逐渐连接

木板要保持同一高度。鹏宇和森元建议在四只桌脚的同一高度位置先做标记，便于木板的固定。他们先拿出两只桌脚和一块木板，将木板搭在两只桌脚上面，然后不断调整高度使木板保持水平，最后用直尺标记出木板的位置，再进行装钉。

亚辰和鹏宇把用来固定的木板平放在地上，把其中两只桌脚放在木板的两端对齐固定，森元和娜亿负责钉钉子，亚辰负责帮忙递工具。就这样，四只桌脚的连接固定完成。

（2）拼接桌板

由于没有一整块完全符合尺寸要求的大木板，刘伯伯提供了几张和板凳座板一样大小的木板。森元提议用拼接的方式铺设桌面。大家都觉得这个办法可行。

森元说："你们（娜亿和楠楠）负责扶稳桌脚，我们两个来铺。"说完便和鹏宇抬起木板平铺在桌脚上，六张木板刚好可以铺满桌面。

鹏宇建议两人一组合作，一个人扶桌脚，一个人钉钉子。一番钉敲之后，桌子初步完成。

图7-22　涂抹胶水

图7-23　合作铺设桌板

森元说："原来做桌子也不难嘛！跟做板凳一样。"大家都满意地围着桌子欣赏自己的作品。

（3）调整高度

老师说："你们可以把板凳搬过来，试坐一下桌子和板凳的高度合不合适。"

森元把之前做了放在木工区的两张板凳搬了过来，他们坐下来"感受"了一番。楠楠说："好像挺合适的。"

亚辰说："我觉得有一点点高，我要坐很直，胳膊放上来有点高。"娜亿和楠楠也表示如果用来吃饭的话桌子稍微高了一些。森元提议多请一些小伙伴来试坐一下，确认是不是都觉得桌子高了。

于是，趁着餐后的休息时间，班级其他小朋友都来体验了新桌子，大部分人都认为桌子高了一点点。经过一番商量，他们决定请刘伯伯把桌腿锯短一些。锯短后，他们又来尝试了一番。果然，矮一点的桌子和这个板凳的高度更匹配了！

图7-24　体验刚做好的桌椅

图7-25　孩子们的表征：体验调整后的桌椅

图7-26　孩子们的表征：做桌子的时候，我最喜欢
　　　　敲钉子

图7-27　用锤子敲钉子

图7-28　完工的桌子

从整个桌子的制作过程中，我们可以看到经验的迁移。幼儿通过反复地"坐"和"做"，把自己的感受和要制作的产品联结起来。他们能从容地把做板凳的经验用以制造一张桌子：量尺寸、钉钉子、固定桌脚、修正高度……经验和方法的累积、成熟便是这样一点点发展而来。第一次制作的桌子虽然稚拙，但无疑，过程中的发现、观察、比较、求证、调整的能力和品质已经让这张桌子无价了。

4. 一次赠送桌椅的远足

桌子制作完成两天后，负责做板凳的小组也做好了板凳。终于到了赠送桌椅的日子了！早餐过后，孩子们抬着自己亲手制作的桌椅出发了！步行走到分园只需要不到十分钟。分园的小伙伴们准备了热烈的欢迎仪式，他们还进行了一次认真的桌椅交接"仪式"。

第一次来分园的孩子们既兴奋又紧张，在分园小伙伴的陪同下逛校园、玩玩具，还亲自在野炊区体验了一把在自己亲手制作的桌子板凳上吃饭。回来的路上还不断分享着自己的感受。

森元说："我今天认识了分园的两个好朋友，他们是大九班的小朋友。"

图7-29　给分园小朋友送桌椅板凳（1）

图7-30   给分园小朋友送桌椅板凳（2）

喆宽说："他们的滑梯好长呀，可以从三楼滑到一楼。"

鹏宇说："如果分园的小朋友还需要桌子和板凳，我们还可以给他们做。"

楠楠说："我们可以邀请他们来总园和我们一起做板凳。"

娜亿说："我觉得我们的桌子和板凳最适合放在他们的野炊区吃饭用了。"

亚宸说："他们好像很喜欢我们做的桌子呢。"

......

不久，分园的小朋友写信告诉孩子们，他们对桌子和板凳很满意、坐起来很舒服而且很牢固，还说他们也很想学习制作桌子和板凳的方法。小小的桌椅为两所园的孩子们架起了友谊的桥梁。

制作帐篷

彩虹路旁边的帐篷由于放久了，变得陈旧而且还易晃动。为了确保安全，我们把帐篷拆除移走了，留下了一大块空地。

户外活动时，森元发现帐篷不见了，跑过来问老师："老师，这里的帐篷怎么不见了？"

老师说："最近下雨比较多，这里地势低容易积水，帐篷的木头腐烂了，有些不安全，所以把它拆掉了。"

森元说："我们可以去木工区找些防水的木头再做一个。"

老师说："当然可以，你可以先画一下帐篷的设计图，看看需要什么材料。如果木工区有合适的材料你可以试试制作帐篷。"

就这样，一项"消失的帐篷"引发了森元制作帐篷的兴趣。

1. 帐篷设计图

　　森元到涂鸦区绘制了帐篷的草图。他的设计图很简单：1根柱子、1个三角形的帐篷顶、防雨的帐篷布。老师在倾听他的设计意图时，发现他对帐篷的基本结构已经比较了解，只是对帐篷底座的尺寸和怎么预防积水渗透还不大确定。

　　老师问："你想做的帐篷是多大的？"

　　森元说："比之前的小帐篷大一点。"培楠和晨皓凑过来问："大一点是多大？"

　　森元又解释道："最好能够同时让6个人进来玩，这里地方大，可以6个人玩。"

　　老师接着问："帐篷底部怎么预防积水呢？"森元还没有想到好办法。培楠和晨皓凑过来："可以加1个底座，把帐篷的底部抬高，这样就不会泡在水里了。"森元对培楠和晨皓的主动帮忙感到很开心，他也认为这个办法可行。

　　晨皓说："帐篷顶可以用防水的布，这样下雨也不会漏到里面来。"

　　一旁的正楠也有了兴趣："中间可以搭一个支架，挂住帐篷布。"

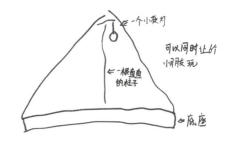

图7-31　帐篷设计图

图7-32　测量空地大小

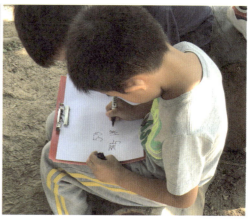

图7-33　测量支架高度

森元说："要找到合适的材料，我们还要先量一下帐篷底部的大小和帐篷支架的高度。"

说完，他走到平衡区旁边的材料箱找来了尺子和笔，准备实地测量。

他们实地测量了能够放下帐篷的空地的大小，在测量帐篷支架高度时，还巧妙地借助了帐篷位置边上的紫荆花树干作为参照物。最后把帐篷的尺寸标注出来：帐篷底座210厘米×150厘米、支架高度180厘米。

老师鼓励森元用绘制设计图的方式表征自己的想法，在对森元充分了解的基础上提出的适当要求——森元动手能力强、预先将构想表征出来有助于进一步将想法变得更加"可操作"。无疑，森元个人的构想在讨论的过程中已经变成团体的优化方案。从中可以看到他们已经准确地掌握了制作帐篷的关键，剩下就是找材料和制作了。

2. 帐篷需要一个底座

第二天，他们来到木工区，刘伯伯已经按照他们的设计图准备了一些材料。

"这个是防水的木头吗？"森元再次确认道。

刘伯伯肯定地说："是的，这种是芬兰木，使用很长时间都不会腐烂。"

正楠说："我们的帐篷需要一个底座，这样才能保证下雨的时候雨水不会流到帐篷里面来。"刘伯伯从木板堆里找来几块稍窄的木板问："你们看这个行不行，用这些木板钉一个底座，有点像草地木屋下面那种。"

培楠激动地说："就是这样！这个没有问题。"底座的材料也确定了，他们准备动手制作帐篷。

3. 固定底座框架

由于木板比较薄，需要用到比平时用的更细一点的钉子，钉钉子时要确认钉子的位置，稍有偏差钉子就会钉歪。他们两两结组，一个人负责钉钉子，另一个人负责扶稳木板和确认位置。由于底座很矮，所以孩子们需要坐着、甚至趴在地上来钉，这样的姿势钉钉子很不好发力。

培楠和正楠配合默契，正楠负责把木板抬高一些，培楠一个人负责钉钉子，很快就把自己负责的一角钉好了。森元和晨皓比较高，趴着钉对他们来说是个不小的挑战。反复尝试几遍还是没有成功，他们决定站起来，一个人固定木板，另一个人敲钉子。为了不敲到晨皓的手，森元找来一把钳子，让晨皓用钳子固定钉子的位置。不断调整后，他们终于把自己负责的两个角固定完毕。

图7-34　固定底座框架

4. 铺设帐篷底部木板

帐篷底座固定完成后，他们开始铺设底座的木板。就像制作桌子时一样，他们用拼接木板的方式铺设帐篷底座。铺到第21块木板时刚好把整个底座铺满。刘伯伯建议森元他们先在底座的边框上涂抹胶水，然后再用钉子固定。

培楠接过胶水，小心翼翼地沿着木板挤胶水，由于木板有些重，晨皓和程睿一起小心翼翼地把木板盖在挤过胶水的地方，盖好后用手压实。铺木板的同时，森元、正楠和晨皓开始从两边用钉子同时进行固定。

虽然要钉的钉子比较多，但是他们很快就合作把底座上的木板都固定好了。

图7-35　铺设底座木板

5. 帐篷支架怎么固定？

问题又来了：挂帐篷布的支架很高，怎么固定呢？如果在木工区搭支架，固定好了，那么又怎么抬下去呢？

程睿建议道："我们可以把它搬下去，在外面固定。"刘伯伯也同意，说："我们要钉一个支架才能把帐篷展开，但是如果在木工区搭支架，完成后就不容易搬到草地，所以我也建议你们先把底座搬到草地后，然后再搭支架。"

他们决定采纳建议。底座比较重，不得不请来两个老师一起帮忙抬下去。森元和晨皓还细心地带上了搭支架需用到的材料。到了草地，把帐篷底座摆到了合适的位置，他们分成两组开始固定支架。晨皓、培楠负责扶稳木板，森元、程睿负责用钉子固定。

支架两端的木板固定好后，森元发现了一个问题："怎么多出来一块木板？"抬头一看，原来是支架的横杆忘记钉了。

培楠说："我们需要梯子，这样我们就可以爬上去钉了。"

刘伯伯说："这里地面不太平整，用梯子会有危险，你们可以把刚固定好的木板拆下来，钉好横杆后再固定在底座上，或者是我和老师一起帮你们钉好。"

正楠不情愿地说："啊，要拆下来，我的手好累（酸）了。"

晨皓和程睿说："我们好不容易才钉进去的，刘伯伯你帮我们钉吧。"为了避免重复工作，孩子们在刘伯伯的协助下把横杆钉好了。

图7-36　固定支架

6. 挂帐篷布

老师准备了一些布供孩子们选择：粉色的窗帘布、蓝灰色的广告布和缤纷节涂鸦过的广告布。经过一番商量，他们认为涂鸦过的布最好看而且还具有一定的防水性，最终他们决定用涂鸦布作为帐篷布。为了让帐篷布更耐用，老师还特地把他们选出来的涂鸦布进行了封边和裁剪。

第二天老师拿来了裁好的布，森元跳起来把布搭在横杆上，楠楠和娜亿负责把布拉直，然后大家一起用钉子把布固定在底座上。最后，在帐篷里铺上柔软的坐垫和地毯，孩子们心满意足地钻进帐篷里，成了草地帐篷的第一批小客人。

图7-37　挂帐篷布　　　　　　　　　　　　图7-38　体验新帐篷

故事感悟

什么样的木工区才是幼儿真正喜欢的木工区？曾经我们一度"精心设计"的木工区，材料摆放整整齐齐、每一块木头都干干净净、完完整整，但总是难以吸引幼儿操作互动。直至我们把木工区所有的华丽外表都褪去，让工具成为工具、材料成为材料，让一切返璞归真，把木工区还原成幼儿可以自由发挥、自由创造的地方，木工区才开始有了故事。

"一张坐起来舒服的板凳""一顶不会浸水的帐篷"的需求，引发了幼儿亲手设计制造的兴趣。实际上，真实问题的解决不是一蹴而就的。在制作板凳和帐篷的过程中，幼儿主动搜寻问题的解决方案，从确认需求、大胆设计、亲自体验使用到调整改进，终于让设想成为现实。其中，教师鼓励幼儿自己发现问题、支持他们通过自己解决问题来学习、为他们提供强大的资源保障，让学习得以不断深入。其实无论结果如何，当幼儿自己决定做什么和怎么做的时候，学习本身就变得更有意义了。

发生在木工区的故事很多，从木工区"生产制造"出来的东西也很多，每一件作品都值得被细细诉说。我们的木工区简陋又嘈杂，每天都能听到"叮叮当当"的声音。从一张板凳到一顶帐篷，从简单的花架到复杂的帆船，从木块之间的组合到区域之间材料的整合，都是幼儿一次次的探索和创新。他们自信、喜悦的表情赋予了木工区新的生机。给予他们足够的材料、适宜的工具、适当的技术支持和自主设计制作的权利后，我们开始看到幼儿的一个个想法是如何一点点变成一个个令人惊叹的无价之宝的。

〜 有趣的影子 〜

班　　级：大三班（户外半日活动）

持续时间：2019年5—6月

故事缘起

　　"凡是儿童，都喜欢户外生活"，阳光、空气，花卉、虫鸟……自然不仅能促进幼儿的健康，而且能促进幼儿审美意识的培养、爱生活，对性情发展、知识拓展都有很大的益处。幼儿园户外条件优越，活动面积大，有茵茵草地，天然花果山，崎岖不平的山路，形状各异的石头，种类繁多的花卉植物与果树。户外丰富的资源常常是孩子们探索的宝藏，为了让孩子有更多的时间融入自然，我们开始了大班户外半日活动的大胆尝试。

　　大班户外半日活动是每日早餐后至午餐前的半日时间内，以班级为单位在户外开展的自由探索活动。在户外半日活动中，幼儿可以自由奔跑、大声呼喊；可以追鸟捕蝶、捡拾落叶；可以躺在草坪上来一场日光浴；也可以走进花果山来一场奇妙的探险。下雨天时，幼儿还可以撑起小伞走进雨里，感受雨滴敲打雨伞的声音……户外成了"大课堂"，幼儿同时进行着"身体的运动"和"头脑的运动"。在这里，教师是参与者、支持者和引导者，与孩子们共同发现、共同体验、共同研究，并提供适时的支持与引导。

　　大班户外半日活动开展至今，从一开始的不敢放手到逐渐学会观察、发现、倾听，教师的转变经历了漫长的过程。当教师从安全的保护者过渡到活动的支持者和引导者时，便发生了许多有趣的故事，影子的故事便是其一。

与影子玩游戏

深圳的夏日阳光充足。这天，大三班的孩子们正在进行户外半日活动，陈萱忽然说："咦，我的影子跟在我的后面。"陈萱的发现引起了大家对影子的好奇，他们开始用自己的身体玩起了影子的游戏。

光轩回头看了看自己的影子，转了个圈说："我的影子也跟着我，我转圈，影子也会转圈。"

熙熙把帽子往头上一扣，说："我的影子变胖了。"

小宜学着鲨鱼的样子边扭动着身体边说："我的影子变成'大鲨鱼'啦，哈哈。"

刘阳蹲在地上不停地变换手势："我把食指和拇指捏紧再打开，手的影子就变成了一条蛇。"

芊蓉跑跑停停："看我的影子，像不像一个木头人？"

孩子们有的和影子追逐跑，有的对着影子摆各种各样的动作，还有的和影子玩起了捉迷藏……没想到平时习以为常的影子今天成了大家共同的兴趣点。

这么有趣的影子当然得记录下来。在记录的过程中，他们不时跑到阳光底下确认要记录的影子形状和位置。将近中午，太阳光照比较强烈，老师还一度担心在阳光底下做记录对眼睛不好。没想到他们如此聪明，对影子进行一番观察后再跑回树荫下做记录，需要确认时再出去观察。不得不说，孩子们确实有"一百种"应对问题的办法。

图8-1　发现影子

图8-2　手的影子变成了一条蛇

图8-3　和影子玩游戏

图8-4　追赶影子

图8-5　张哲涵《我的影子记录》

图8-6　蓝朱岐《我的影子记录》

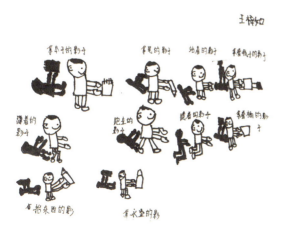

图8-7　王梓如《我的影子记录》

图8-8　任芊蓉《我的影子记录》

图8-9 周欣莹《我的影子记录》   图8-10 吴铭宇《我的影子记录》   图8-11 黄任杰《我的影子记录》

关于影子的发现

集中分享的时候，孩子们各自分享了关于影子的发现。

梓阳说："我在太阳底下玩滑梯，影子也跟着玩滑梯，我走的时候影子也跟着走，我跳的时候影子也跟着跳，我玩剪子石头布，影子也跟着玩剪子石头布。"

哲涵说："我把两只手伸长，发现影子也会伸长，我两只手拿着本子，影子也会两只手拿着本子，我一边手拿本子另一边手放下，影子也会一边手拿本子另一边手放下，最后我两只手放下，影子也两只手都放下了。"

陈萱说："我转圈影子会跟着转圈，我和欣莹拿着石头跑，影子也会跟着跑，我丢石头，影子也会跟着丢。"

雅慧说："手的影子可以变成蝴蝶，我们蹲下来的影子像一块大石头。"

芊蓉说："我跑步，影子也跟着我跑步；我跳，影子也跟着跳；我拍节奏，它也拍节奏；我转圈，它也跟着我转圈。"

逍遥说："有太阳的时候才有影子，没有太阳的时候影子不出现。"

芊蓉附和道："对呀，我也发现没有太阳的时候影子会消失，有太阳的时候影子才会出现，太阳越大影子就越深（明显）。"

朱岐说："太阳照到的地方有影子，没太阳的地方没有影子，小木屋两边的都有影子，中间的没有，因为中间的木屋被树荫挡住了。"

天天说："阳光照下来的地方是白白的，我们身体挡住的地方是黑色的，就形成了影子。"

老师说："我们的身体遮住了太阳光的传播就形成了影子，有光才有影子，影子和身体'形影不离'，你们的发现真有趣。"

可以看出，孩子们对影子的形成和变化有比较清晰的了解，而且还能用自己的语言描述出来。在户外半日活动中，他们有大量的机会去体验和发现各种不断变化的科学现象，这些体验可以生动地阐明各种各样看似"晦涩难懂"的抽象概念，比如光学现象、光的传播等。

图8-12　分享影子的发现（1）

图8-13　分享影子的发现（2）

各种各样的影子

平日里随处可见的影子竟引发了如此有意思的探索，影子能不能成为孩子继续深入研究的话题呢？老师决定试一试。

老师说："除了自己的影子，你们还能找到其他影子吗？"

孩子们立马四处寻找影子，有的蹲在草地上研究起了各种玩具、器械的影子；有的去观察周围的大树、房子和木屋的影子；有的从材料箱里拿起了各种材料去探索影子……

梓如很快就有了满满的收获："我发现了好多好多影子，有松果的影子、树枝的影子、桶的影子、螺丝的影子、叶子的影子、手推车的影子……"

雅慧说："我找到了大树的影子，平衡桥的影子，道路指示牌的影子，植物架的影子，还有小木屋的影子。小木屋屋顶是黄黄的，它的影子也有点黄黄的。"原来时光长廊的房顶有一块黄色透明塑料板，阳光透过塑料板在地上形成了黄色的影子。

刘阳说："草地上攀爬网的影子也是一格格的，白纸的影子是黑色的，透明塑料袋的影子是浅浅的，拿起来的时候我感觉它没有影子了，有点像阳光照在水里的样子。我把它们（白纸和透明塑料袋）叠在一起，影子就变成了平常我们看到的黑黑的影子。"

　　欣妍说："我找到了不一样的影子，透明变色纸的影子是彩色的，光碟的影子是黑色的，镜子的影子是黑色的，透明塑料袋的影子是浅浅的、透明的。"

　　予嫣说："我拿着透明彩纸，地上就有透明彩纸的影子，它的影子是彩色的。"

　　老师说："噢，原来影子是有颜色的，有黑色，还有彩色的，有的颜色深、有的颜色浅。"

　　哲涵拿起彩色塑料纸放在太阳下又试了试，说："老师你看，我拿着彩色透明变色纸时，如果有大太阳，它的影子也会有颜色。因为它是透明、彩色的，会透光，所以它的影子有颜色。"

　　梓洋说："透明塑料袋的影子很浅很浅，是因为它能透光。"

　　刘阳补充说："其他影子黑黑的是因为它们（材料）本身就不透光，你看把白纸和

图8-14　研究白纸的影子

图8-15　对比白纸和透明塑料袋的影子

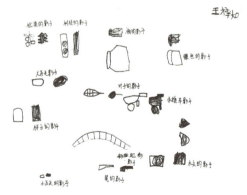
图8-16　王梓如《各种各样的影子》

图8-17　刘雅慧《各种各样的影子》

拿着透明物块，地上就有透明物块的影子是有颜色的

图8-18　浅浅的影子和红色的影子　　　图8-19　张哲涵《彩色的影子》

透明塑料袋叠在一起，影子就是黑的，因为白纸不透光。"说完，他们将白纸和透明塑料袋叠在一起放在太阳底下，果然影子是黑色的。

老师说："所以透光性越好的材料，影子越淡；如果材料既透光又有颜色，那它的影子就是有颜色的，真是有趣的发现。"

老师用再次"找影子"的游戏拓宽幼儿的体验。从影子形成到材料性质与影子关系的探索，他们能很好地运用观察、对比的方式验证和解释自己的发现。孩子们总是能自由自主地通过亲身感知、实际操作去获取实际的经验。而这也让我们更坚信"儿童是有能力的学习者"。

不一样的"影子"

欣莹在研究镜子的影子时有了不一样的发现。她晃动镜子，将镜子反射的光反射在黑色卡纸上，说："你们看，镜子的'影子'是光亮光亮的。"

泽林被欣莹的发现吸引了过来，他拿起一个镜子也研究起来："黄老师的裤子上有镜子的影子，哈哈。"原来泽林用镜子把光反射到了黄老师的黑色裤子上。

泽林继续拿着镜子一边移动，一边说："树屋上、草地上都有一块亮亮的影子。"

腾越也被吸引了过来，他从材料箱找到了一块三棱镜，并将它侧立着放在太阳底下，说："树上出现了三块光亮的点，我晃一下镜子，光也会跟着移动，哈哈，真好玩。"说着不停地晃动着手上的镜子。

仁杰也加入进来，他将镜面对准阳光，镜子反射的光照亮了他的脸。腾越说："你的脸被照亮了，哈哈哈。"仁杰马上用手把镜子捂住，这时打在仁杰脸上的光消失了。仁杰说："把镜子捂住，镜子就反射不到光了。"

雅慧和刘阳一起合作，用光碟把光打在对方的身上，雅慧说："刘阳你的衣服被照得很亮。"

刘阳拿来了玻璃瓶和玻璃锅盖对着阳光反复试了试，发现它们都不能反光，说："玻璃的不能反光呢，它们没有光亮的影子。"

孩子们把镜子反射的光当成镜子的"影子"。相比告知他们光的反射原理，我们更愿意让他们对光的反射现象有充分、真实的感受和直接体验的机会。在真实的自然环境中，一些看似复杂、深奥的光学原理和现象也成了他们可发现、可研究的问题。开放的户外环境的魅力就在于此。

图8-20 镜子反射的光

图8-21 研究玻璃锅盖能不能反射光

图8-22 周欣莹《光的反射记录单》

彩色的影子

回到教室后，雅慧拿着自己粉色透明的水壶向老师分享自己的新发现："老师，我的水壶在阳光底下的影子是粉红色的。"

凯琳也抱着自己的黄色水壶跑过来说："我的水壶的影子也是有颜色的，它是黄色的。"

雅慧继续从水壶架找出了另一个小伙伴的黄色水壶说："老师，你看，芊蓉的水壶也是透明的，我猜它的影子肯定也是黄色的。"

老师说："你们的观察很仔细，原来我们身边还有这么多能产生彩色影子的材料，不如你们回家再找找看还有哪些影子是有颜色的，明天回来跟我们一起分享。"

第二天，他们一到班里就兴奋地议论起了自己的发现。

光轩说："家里开着大灯的时候，我拿着绿色的水杯一照，发现了水杯的绿色影子。"

欣妍说："我在家里玩荧光棒的时候，发现荧光棒的影子也是彩色的。"

孩子在探究性活动中越投入，他们就能越自主地进行经验的迁移。透明变色纸形成的彩色影子给了孩子们深刻的印象，当发现类似透明且有颜色的材料时，他们能很好地迁移已有经验。

图8-23　发现杯子的影子也是彩色的（1）

图8-24　发现杯子的影子也是彩色的（2）

图8-25　杨凯琳《寻找彩色影子》

图8-26　刘光轩《有颜色的影子》

"画"影子游戏

下午户外活动时，由于刚刚下过一场大雨，乌云遮住了太阳，影子没了踪影。陈萱和刘阳建议说："太阳不出来的时候我们的影子也不见了，下次有太阳的时候不如我们把影子画下来吧。"

老师说："这倒是一个很新奇的想法，等太阳出来的时候你们可以试一试。"

乌云慢慢消散，太阳终于出来了，孩子们四处跑开尝试用自己的办法把影子画下来。

有的拿了本子对照着自己的影子仔细地绘画；有的一起合作用粉笔沿着影子的轮廓进行了描绘；还有的请老师站在阳光下，然后拿来了石头和木棍沿着影子的轮廓填充。最后他们都用自己的办法把影子画了下来。

　　在户外开放的环境中，孩子总会迸发出一些看似奇奇怪怪的想法，不管他们的想法有多么天马行空，老师总是愿意认真倾听、鼓励并支持他们大胆尝试。阴天限制了孩子对影子的探索，却引发了新的兴趣点——如何把影子留下来，老师及时捕捉这一兴趣点引导孩子思考"保留影子的办法"并亲自动手尝试。在户外，这种联想生发正是有意义学习发生必不可少的部分。

图8-27　用树枝和石头摆出影子

图8-28　用粉笔把影子画出来

图8-29　章玉清《保存影子的方法》

图8-30　孙刘阳《保存影子的方法》

图8-31　陈萱《保存影子的方法》

图8-32　保存影子的方法

神奇的放大镜

找影子变成孩子们户外活动时最感兴趣的事。第二次户外半日活动，寻找和研究各种影子仍然热度不减。

1. 意外发现

泽奇在研究放大镜的影子时有了意外的发现："太阳透过放大镜会有一个白色的光点。"他的发现吸引了其他小伙伴的关注，纷纷加入了进来。

光轩拿着放大镜饶有兴致地照照石头、照照草地、照照树枝，然后说："我发现放大镜照在草地上、石头上、木头上、小树叶上，破掉的气球上都有一块亮亮的光点。"

嘉城说："放大镜照在本子上也会有光点，但是没有太阳的时候，光点就会消失。"

凯琳说："太阳光先照到放大镜上，再照到草地上就会有光点，阳光强的时候光点就强。"

图8-33　研究放大镜照在草地上的光点

图8-34　发现放大镜在记录本上的光点

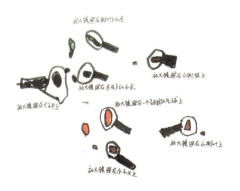

图8-35　刘光轩《探究放大镜》

图8-36　腾越《探究放大镜》

图8-37　嘉城《有光的地方就有亮点》

图8-38　杨凯琳《阳关强烈光点越亮》

图8-39　程浩《光点可以照到纸上》

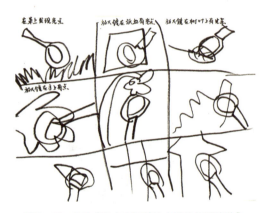

图8-40　铭宇《光点会跟着放大镜的位置移动》

腾越说："对啊，太阳出来的时候放大镜照到的地方有光点，太阳被乌云遮住的时候光点就消失了。"

浩文说："斜着放放大镜的时候光点就变得很小、很亮，平着放的时候光点变成了三角形的形状，我再次斜着照的时候光点会变成圆形。"

放大镜是凸透镜，当太阳光透过放大镜时光线会向中间聚集，变成光点。孩子们对这个光点充满了好奇。

程浩说："我爸爸说用放大镜还能把纸点着呢！"浩浩常常在家跟爸爸研究科学小实验，他明显比其他孩子更有经验。

铭宇质疑道："放大镜真的可以点火吗？它又不是打火机，放大镜只能把东西放大吧。"

老师说："用放大镜能不能把纸点着，我也好想知道，我们可以试一试。"

2. 用放大镜真的能点火吗？

老师找来一些树叶、白纸，和孩子们一起利用放大镜的聚光性做起了试验。可天气不佳，太阳时而出现，时而消失，导致实验一度中断，原本坚信放大镜可以点火的孩子也开始动摇。

振宇说："放大镜点不着火，我们都没有见过。"

老师说："现在阳光都被乌云挡住了，下午我们再来试一试。"

图8-41　放大镜点火实验（1）　　　　　　图8-42　放大镜点火实验（2）

3. 放大镜真的可以点火！

午点过后，孩子们又跟着老师来到草地上，这时阳光明媚，是再次进行实验的好机会。

程浩说："我们要把放大镜的光都集中在同一个地方才有用。"

刘阳说："应该要将放大镜斜着放，最亮的光点照在同一个地方。"刘阳平日里也很喜欢研究科学实验，他似乎知道放大镜聚光的焦点是热量汇集的地方。

孩子们蹲在草地上聚精会神地做起了实验。几分钟后白纸和树叶还是没有动静。雅慧建议说："不如我们把白纸换成黑色卡纸吧，我妈妈告诉过我，黑色的东西能吸热。"

孩子们认为雅慧的建议可行，于是他们将白纸换成了黑色卡纸，继续试验。

深圳的午后炎热，阳光强烈，实验进行到3~4分钟的时候，有的孩子就开始坚持不住了，纷纷说："天气太热了！""用放大镜肯定是点不着火的！""光点很刺眼，看得我的眼睛很累。""太阳太晒了！"……

逍遥一直坚持拿着放大镜将光聚焦在黑色卡纸上，五六分钟之后，黑色卡纸开始冒烟，他激动地说："冒烟了！我看到冒烟了，快要点着了。"一激动，他就放下了放大镜，原本快要点着的火也没能出现。

　　看到卡纸冒烟，原本闹着要放弃的孩子，又重新燃起了兴趣。"放大镜真的可以点火，我要再试试。"他们相信点火实验一定能成功，再次信心满满地将放大镜的光点聚焦在刚才冒烟的位置。

　　虽然很热，但他们依然坚持和专注。七分钟左右，黑色卡纸开始燃烧起来，就连下方垫着的白纸也被烧出了一个洞。

　　振宇激动地跳了起来说："原来放大镜真的可以点火！"

　　程浩说："我就知道放大镜也能点火，我爸爸说的没错。"

　　铭宇说："太神奇了！放大镜也可以点火，那以后都不用带打火机了，哈哈哈。"回到教室后，他们还将自己的实验过程认真记录了下来。

　　当孩子对"用放大镜能不能把纸点着"产生好奇时，老师鼓励他们通过亲自尝试、实际操作等方式获取答案。尽管过程中天气炎热、阳光暴晒，但是最后他们还是成功地完成了实验，体验到了科学实验的好玩与有趣。从记录的图上可以看出，他们对放大镜的聚光原理有了正确的理解。

图8-43　下午的放大镜点火试验

图8-44　将白纸更换成黑纸

图8-45　孩子正在进行放大镜点火试验

图8-46　纸被放大镜的光点燃

光的实验

太阳光照到放大镜上，
通过放大镜把四面八方的阳光聚到一点上，
照到白纸上，就产生了火苗柱！

图8-47 程浩《点火试验记录单》

阳光透过放大镜，把纸点着了。

图8-48 逍遥《点火试验记录单》

故事感悟

当幼儿注意到身体的影子和周围事物的影子时，他们的激动和好奇心驱使着一系列有意思的探索行为出现。从找影子开始，探索便展开了，还不断拓展着、变换着难度。幼儿在其中充分地调用自己的经验和认知，去观察、思考和直觉行动，运用自己的智慧解释所发现和理解的现象，引导自己不断感知自然的规律和法则。在整个探究的过程中，他们全神贯注，自主的、自我引导式的学习，令人折服。正是通过这样的探索，幼儿和自然、和世界的关系变得更加亲密。而教师的关键作用，便在于倾听和支持——倾听以发现问题；组织分享和讨论以支持探究的深入和拓展。教师和幼儿这种"默契"关系，是通过大量的实践和尝试逐渐稳定形成的。

科学深深根植于真实的、有意义的和生动的情境之中。正如故事中幼儿关于"影子"的表征和记录，我们可以看到幼儿关于"光和影"关系的概念已经牢固建立在其脑海之中。创设真实的环境、探索真实的世界、发现和解决真实的问题，这也是我们进行大班户外半日活动探索的初心。幼儿的科学学习离不开对周围事物和现象的直接感知、亲身体验和实际操作，而户外半日活动提供了充分的时间（早餐后到午餐前的半日时间）与空间（整个户外活动场所），为幼儿发生有意义、有深度的学习做好了准备。

在户外半日活动中，学习随时随地在发生着。教师的"退"带来了孩子的"进"：他们可以花大量的时间待在自然的怀抱；可以主导自己的活动，与自然充分地互动；可以自由选择玩伴和游戏；可以大胆去探索、去想象、去尝试新的事物……更重要的是，在这里，学习回归了本能与天性。

～ 再见了，我的幼儿园 ～

班　　级：大班

持续时间：2019年6—7月

故事缘起

6月是幼儿园仪式感满满的一个月。每逢五六月，幼儿园里会有多彩的"缤纷节"活动：有乐趣满满的泼水节、有温馨自由的亲子涂鸦，还有野趣自然的草地露营；当然，还有满怀期许、微微伤感的离别之情。三年来，孩子们对于幼儿园的付出与热爱，值得他们用一段长长的时间来庄重地道别。于是，我们预设了大班的最后一个主题活动——"再见了，我的幼儿园"。最后的两个月，大班孩子开始用自己的方式和幼儿园生活告别。今年的毕业季又会发生什么故事呢？

故事一：幼儿园地图诞生记

"我要上小学"的主题活动告一段落，孩子们参观小学、体验小学生活的新鲜感渐渐消退。月历上的毕业倒计时一天天减少，离别的伤感悄悄地来了。"再见了，我的幼儿园"主题更新了，从今天开始就要慢慢地告别幼儿园生活。

1. 分享：我最喜欢的幼儿园一角

老师问："要毕业了，你最舍不得的是什么？"

泽厚说："我舍不得幼儿园二楼草地的大树屋，我最喜欢爬树屋了，每次和心玥还有陈垚比赛爬树屋，我都比他们快。我还可以玩'飞毛腿'的游戏！"

宸杰说："我喜欢幼儿园的骑行车道，每次出去我能绕着花果山骑好几圈。"

思睿回答道："我还记得上次我们骑车捡到了很多好看的叶子呢。我舍不得我的朋友，以后我们就不能天天见面了。"

"我最舍不得幼儿园的老师和我们的教室了，我们的教室很好玩，老师教会了我好多东西。教室里还有好多朋友。"许骞边用手比画着边说。

"除了老师，我还舍不得我们的菜地，每个学期我们都能种出来好吃的蔬菜。我想去外面把我喜欢的菜地画下来，"森元说，"我们的菜长得很好。"听到森元的请求，泽厚立马说道："我想去画我最喜欢的树屋。"

皓宇想了想，说："我们可以给幼儿园画一幅画，上面都是我们喜欢的地方吗？"

"当然可以，"老师回答说，"户外活动的时候你们可以带上绘画本，把你们最舍不得的地方、最喜欢的东西画下来。"老师对孩子们的想法并不感到惊讶，从中班开始他们就常常在幼儿园进行户外写生、做游戏。

图9-1　画我最舍不得的地方（1）

图9-2　画我最舍不得的地方（2）

图9-3　画我最舍不得的地方（3）

图9-4　龙泽厚《我最喜欢的大草地和树屋》

图9-5　谭宸杰《我最喜欢的花果山和骑行道》

图9-6　黄泽林《我最舍不得花果山上的瞭望塔》

2. 我想为幼儿园画一幅地图

画完自己最喜欢的幼儿园一角后，喆宽提出来给幼儿园画一幅"地图"。

喆宽说："我想给幼儿园画一幅地图，这样我们就可以把幼儿园好玩的地方都画出来。"

豆豆说："还可以画下班级的平面图，让以后来用这个教室的人认识我们的大五班是怎么样的。"

森元说："地图！我同意画地图。我们的幼儿园太大了，如果有一幅好看的地图，就能告诉以后上幼儿园的小朋友，这些地方很好玩。"

鸿儒和凌云也同意道："有了地图大家就不会找不到地方了。"

芷墨说："那我们把幼儿园画成一幅地图，作为礼物留给下一届的弟弟妹妹吧！"

如果幼儿园有一张标注了各种好玩地方的地图，拿到地图的人一看就可以知道哪里有什么、可以走什么路线到达想去的地方，还可以给下一届小班的新生和家长介绍幼儿园，这个主意确实不错！

3. 关于绘制地图，我们知道的

从参观小学开始，孩子们就有了画路线图的经验，但画幼儿园的地图还是第一次。老师决定跟进地图小组的情况。

（1）讨论：画什么样的地图？

老师问："你们打算画什么样的地图？"

娜亿说："就是平时我们去动物园的时候，那个手册上会有一张图，告诉我们要去的地方怎么走，有路线，还有景点标志。"

喆宽说："不能太复杂的，不然别人看不懂。"

凌云说："画平面图，要让别人一看就知道这个地方是哪里。"

老师问："你们打算怎样行动？"

森元说："先要确定画哪些地方。"

鹏宇说："我们把自己（觉得好玩的地方）的画出来。"

鸿儒说："我们可以从门口开始，幼儿园一楼的两个大门，从那里开始画。"

琼琳想了想："我们可以每个人把自己画的地方拼在一起，就成了幼儿园的地图了。"

从对话中可以看出，他们对画地图的经验也是有一定积累的：比如从局部开始描绘、幼儿园"景点"的取舍。这令老师感到欣喜。为了帮助他们对方位和布局有更清晰的认识，老师提议尝试从画班级平面图开始行动。

4. 绘制地图第一步：画班级的平面图

（1）讨论：画班级平面图需要注意的问题

绘制平面图需要注意哪些问题呢？

喆宽说："在画图的时候，要按着原本的样子画，如果画错了（位置），旁边的区域也会画错（位置）。"

凌云说："要固定一个地方画，不能画一下这里又画那里，这样容易乱。"

芷墨说："从哪里画起很重要。画到什么区就可以用字去标注（活动区名字）。美工区的后面是阅读区，再后面是科学区……"

子睿说："每个地方要隔开，不要全部在一起。"

诗涵说："画的时候要把这个地方和位置的大概形状画出来，虽然（集中区）没有东西，但是也要画。不然大家就看不出来这是哪儿。"

图9-7　观察班级布局（1）

图9-8　观察班级布局（2）

为了让大家更直观地了解班级布局，老师用小积木简略搭了一个班级教室的布局。

老师小结："画平面图的时候你可以先在纸上确定一个位置，确定定位。画的时候要注意看正在画的区前后左右都有什么、位置大小，如果把一个区画太大，其他区可能就画不下了哦。"画平面图，既要注意方位、布局，又要考虑纸张大小和比例，这对孩子们来说是一次不小的挑战。

（2）尝试：第一次画的班级平面图

在对班级布局进一步了解之后，他们开始尝试第一次绘制班级平面图。

从第一次绘制的平面图来看，他们已经掌握了绘制平面图的基本要素。不过还是出现了一些小问题。下午，老师组织大家分享绘画过程中出现的问题和解决办法。

老师问："你们是怎么画的？遇到了什么问题？"

娜亿说："我从前门开始画，先画了电视柜，再画操作区，一直画到后面的阳台。但是纸太小了，我画不完所有的东西。"

森元说："我先定位了两个门，先画了左边的区，再画右边的区。"

昕妍说："我画完两边的区，发现漏了一个中间的数学区，我后面补上了。"

贤骏说："章子睿画的三角形的操作区不对，应该在下面。"

子睿说："不是，我是从后面开始画的，最上面的是后门。"

老师说："你把小门定在纸的最上端，所以你的操作区在上面，对吗？"子睿点点头："是的，我是从后门画到前门的。"

喆宽说："凌云画的图都是框框，我都看不出来是什么地方。"

老师说："这个问题怎么解决呢？怎样让大家一看就知道你画的是哪里？"

森元说："用不同的符号表示桌子和椅子。再把大的区画大点，小的区画小一点。"

图9-9　罗昕妍《班级平面图》　　图9-10　赵娜亿《班级平面图》　　图9-11　凌云《班级平面图》

图9-12 邓森元《班级平面图》 图9-13 章子睿《班级平面图》   图9-14 绘制班级平面图

芷墨说："不能画太小，也不能画太大。如果画小了，纸会留下大块的空白。如果画太大了，容易画不下。"

喆宽说："要先定一个位置，从门口按顺序一直画下来，就不会画漏了。"

老师说："这几个办法都很好。晚上回家之后你们可以尝试用这些方法来画一画家里的平面图。"

讨论中大家还提出了可行的办法：先定位，再依次按照顺序画出位置信息、注意用不同的符号表示不同的东西、区分尺寸。空间观念和空间想象力的形成建立在感知周围环境的基础上，是理解和把握空间及平面之间关系的过程。从中班开始，我们就常常鼓励孩子把身边的环境画下来，在第一次画平面图的尝试中，我们发现孩子的方向感、位置描述、绘制平面图时的条理性等可贵品质和能力不经意间就得到了锻炼。

（3）延伸：我家的平面图

第二天，喆宽、子睿和娜亿带来了自己绘制的家庭平面图。

子睿说："我画的是家里的平面图，我也是从大门开始画的。我把家里的每个房间的位置都画出来了。"

喆宽说："我画的是我家里客厅的平面图。我先定了大门口的点，先画了左边的鞋柜和厨房、餐厅，再画右边的沙发、窗和电视柜、房间门。"

老师问："你们认为先定点再按照顺序画这个方法有什么好处？"

喆宽说："就不会画漏掉地方。画的时候可以把柜子和桌子的样子画出来。"

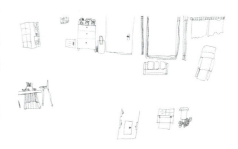

图9-15 张喆宽《客厅布局图》

娜亿说："也不会画乱位置。"

老师说："嗯，所以画平面图要注意根据布局按顺序画，还可以用不同的符号标注代表不同的东西。等会儿愿意再画一次班级平面图的小朋友可以继续完成挑战。"

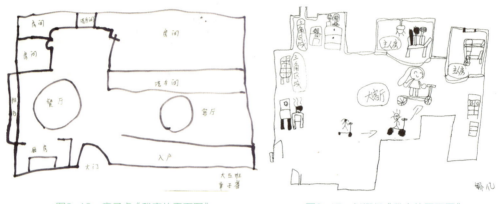

图9-16　章子睿《我家的平面图》　　　　图9-17　赵娜亿《我家的平面图》

（4）第二次绘制班级平面图

针对第一次绘制过程中出现的问题进行讨论并找到解决方案之后，他们尝试第二次绘制班级平面图。

老师问："第二次画平面图，你们有什么新的发现？"

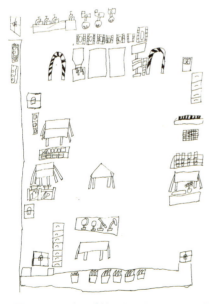

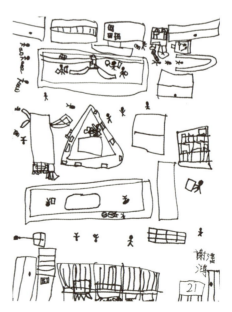

图9-18　邓森元《第二次画的班级平面图》　　　　图9-19　谢鸿儒《班级平面图》

图9-20   画班级平面图

智忠说："邓森元画的我一眼就看出来哪个地方是前面的门，哪个是柜子和桌子。"

佳沁说："谢鸿儒还画了小人，我觉得画地图的时候可以画些人在里面，很好玩。"

治宸说："画一些好玩的装饰，他（森元）还画了材料柜的玩具，我一看就知道是科学区的望远镜。"

……

老师说："你们觉得这样画会有什么作用？"

琼琳："很有趣，别人看了会喜欢。会让地图更加好玩。会让没有来过幼儿园的人看了就喜欢我们幼儿园。"

看来大家对怎么画图已经有了自己的想法。怎么把画班级平面图的经验拓展到整个幼儿园呢？

老师问："幼儿园这么大，要绘制幼儿园的地图，你们觉得应该怎么办？"

喆宽说："我们可以从一楼画起，先看一下要画多少，再开始画，这样就不会画不完了。"

诗涵说："我们可以两个人一起画，这样可以更快（完成）。"

森元说："先去看看幼儿园，看清楚了再画。不然纸太小就画不完了。"

佳沁说："先从大门开始画，一直画到我们的大圆厅和教学楼。"

有了画班级平面图的经验，他们信心满满地开始为绘制幼儿园地图做计划和准备。从画平面图的过程中可以发现，方位和比例的概念已经存在于他们的脑海里，也许还很粗简，但某种意识一定在悄悄萌芽。

5. 绘制地图第二步：实地绘制

第二天，他们开始讨论怎么进行实地绘制。幼儿园很大，孩子们决定先绘制幼儿园一楼的地图。

（1）幼儿园一楼平面图绘制

在讨论"在哪里画"的时候，孩子们的第一反应是"要在一个能看到一楼所有地方的位置"画。可是大门那里没有遮阳的地方，虽然那个位置可以看到一楼比较整体的地方，但显然不合适。

森元提议"先去逛一逛，看看幼儿园都有哪些地方要画的，看清楚了再画"。于是，大家从大门开始再次确认幼儿园的布局：大门进来有保安亭，保安亭前面有大操场，大操场左边有轮胎桥和大型器械，教学楼后面还有30米跑道……

图9-21　观察幼儿园的布局

在哪里画呢？喆宽提议到圆厅看一看。他觉得圆厅处除了教学楼后面的跑道和挨近街道的位置看不到之外，可以看到一楼的大部分区域。诗涵轻轻拍了拍地板坐下来说："就在这里吧！"

娜亿说："一楼的操场很大，我们要给操场留出足够的位置。"

喆宽点点头表示同意："中班后面还有一条跑道，所以教学楼的位置也要留空多一点。"

亚楠说："中一班和中二班之间还有一个空地，要预留位置。"

森元说："左边的中间还要留出圆厅的位置，我们坐在这里，这个位置也要画进来。"

喆宽在画纸上定好点开始画起来。画着画着，不确定的地方他们还亲自过去再看看，确保自己要画的地方没有遗漏。

森元、喆宽、娜亿和鸿儒挑战合作画一幅大地图。芷墨、鹏宇、子睿和沐筱坚持自己画"小地图"。每天区域活动时间，地图绘制小组就来到一楼开始完成自己的地图：先用勾线打草稿、再用彩铅给地图上颜色。有不明白和不确定的地方，他们会一起讨论、会向老师请教，俨然成了幼儿园的测绘"专家"。我们惊喜地发现，原来他们已经

图9-22　绘制幼儿园一楼地图

习惯了这种高效率的集体创作和团队合作方式，他们不会相互干扰对方，会认同彼此选择的绘画区域。

　　画地图成了大家每天最喜欢做的事。越来越多的孩子加入了"画地图"的大军：有帮忙涂色的亚楠和诗涵，帮忙完善细节的贤骏和炘诺，还有时不时来关心进展的凌云和俊煜……历时八天，大家合作画的一楼平面图终于完成！

图9-23　章子睿《一楼平面图》　　　　　图9-24　钱鹏宇《一楼平面图》

图9-25　汤琼琳《一楼平面图》　　　　　图9-26　陈致臻《一楼平面图》

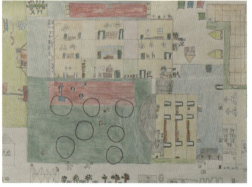

图9-27　给一楼平面图初上颜色　　　　　图9-28　（合作画）一楼平面图初稿

（2）幼儿园二楼地图

　　一楼平面图绘制给了大家更大的自信。大家迫不及待地去画二楼草地的地图。可是二楼布局比一楼布局又复杂了许多。二楼的教学楼和办公楼的大平台有转折，办公楼的旁边还连着二楼草地，于是要画的内容显然比一楼多了很多。

①行动前的讨论

老师问："二楼地图要画的内容很多，你们有什么好办法？"

雅楠说："先画大块的，再画小的（地方）。"

鸿儒说："画之前要想好，不然重新画要花很多时间。"

智忠说："要注意大小，草地比办公楼大很多很多。"

喆宽说："注意角度（方位），先看看自己画的地方的前后左右是什么地方。"

鹏宇说："要画清楚一点，看清楚每个地方的特点。"

森元说："要跟你一起画的人商量好，不要画重复了。"

老师问："细节考虑得很周到。那你们打算怎么行动？"

喆宽说："一起画，先去看一看，看清楚了就可以画了。"

芷墨说："我和李沐筱还要自己画。"

森元说："愿意自己画的就自己画，愿意一起画的就一起画，就可以了呗！"

老师说："当然可以，如果你们准备好了，明天就开始画二楼的地图了哦！"

老师本想带着孩子们再仔细地把一楼平面图的某些细节加以完善再画二楼草地地图，当看到孩子们画地图的兴致越发高涨时，觉得让孩子们自己决定是否要继续挑战画地图也是这个项目有意义的一方面。我们发现，当孩子们参与决策时，他们可能表现出更多耐心和决心，毕竟，这是他们自己选择的"工作"，是他们的坚持使得这项活动变得更有价值。

②实地绘制

子睿、诗涵和沐筱选择各自用A3纸画二楼草地的地图。而森元和喆宽、鹏宇、娜亿、凌云继续选择合作画整个二楼的大地图。有了一楼平面图的集体创作经验，他们似乎达成了一个共识：独自一人难以完成"大地图"创作的重要任务，这大大强化了他们坚持合作绘画的意愿。

第一天，森元和喆宽负责画草地的细节，娜亿负责画办公楼的部分，鹏宇和凌云负责画小班教学楼的部分。他们各自确认自己要画的位置：办公室和大七班中间有一块空地；小班教学楼在办公室楼的左后方，走过去要有一条通道；草地有几棵大树等布局。

第二天，各自创作的孩子们完成了二楼地图的绘制。每张地图各有特点：子睿的地图主要呈现了二楼草地的全貌，景衔的地图是从花果山山顶的视角画出来的，琼琳和诗涵只画了草地的活动区的布局。

第三天，困难出现了：合作画的小组把握不准二楼草地和教学楼的布局。

森元向老师求助："老师，你帮我们把办公楼和教学楼的位置先定好可以吗？我们

图9-29   二楼地图绘制过程

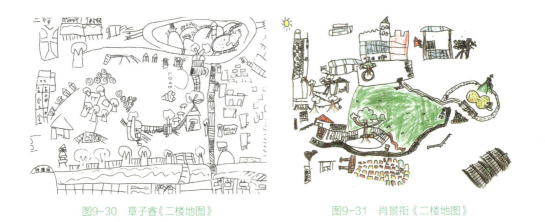

图9-30   章子睿《二楼地图》   图9-31   肖景衔《二楼地图》

老是画不好。"

老师问："你们在确定教学楼和草地这两部分布局遇到了困难吗？"

喆宽说："邓森元把教学楼画太大了，草地都没有地方画了。"

诗涵说："种植园前面的办公楼的位置也不对，应该在教学楼右边一点。"

凌云说："这里（教学楼）画满了，这里画得太小了，草地那么大。"

　　几人为"哪个地方画大点、哪个地方画小一点"发生了争执。二楼的布局确实相对复杂，单靠孩子自己可能无法掌握好布局，在画纸上呈现这三大部分布局需要有更高的空间想象力和思维力。

　　老师说："你们仔细观察，站在我们画的位置（拆装区的操作桌），教学楼和办公楼分别在我们的哪个方位？"

　　喆宽说："教学楼在左边，办公楼在右边。"

　　鹏宇说："草地在前面！我们可以在纸上把这几个位置先圈出来再画里面的东西。"

　　老师继续问："教学楼和办公楼、草地的大小比例应该怎么确定呢？"大家都认为教学楼是一栋楼，把楼层画下来就可以了，应该把更多的位置留下来画草地。于是，在老师的帮助下，二楼地图的大致布局重新改变了。孩子们又开始投入到了地图绘制工作中，贤骏和展博也加入了地图绘制的队伍，纷纷帮忙确认画的位置对不对。

图9-32　二楼草地绘制过程

　　第八天，二楼的大地图初步完成了。芷墨、喆宽和俊煜开始给地图涂上颜色。第十天，二楼的大地图初稿终于完成了！

图9-33　给地图涂色　　　　　　　　　图9-34　二楼大地图初稿

6. 绘制地图第三步：试用地图，勘误校正

地图绘制完毕，老师把大家共同绘制的地图拿出来分享，引起了全班孩子的共同关注。

"这里是一楼操场，我一看就知道了，有幼儿园的大门。""这是草地树屋，这个树屋画得太像了！""还有大草地！"果然，绘画是孩子们的共同语言。地图上典型的标记让人印象深刻。可是，怎么确定绘制的地图是不是正确的、让第一次来幼儿园的人一看就懂呢？

智忠说："我们拿着地图去试一试，走一走。"

治辰说："我们定一个地方，按着地图去找一找，看能不能找到这个地方。"

天奕说："如果走错了，或者找不到要去的地方，可能就是画漏了、画错了。"

胜炜说："拿着去看一下就知道位置是不是对的。"

要看看地图有没有画错，大家一致决定带上地图走一走。老师建议大家分成两个小组，一组去一楼、一组去二楼，回来再把信息汇总。

图9-35　一楼地图实地勘察

图9-36　二楼地图实地勘察

（1）试用：实地勘察

老师问："使用地图的时候，你们有什么新发现？"

鹏宇说："地图上的涂鸦区（二楼）看不出来是涂鸦区，看不明白。"亚楠、天奕和胜炜都表示涂鸦区的特征不够明显。

（2）讨论：勘误校正

老师问："你们有什么办法能把涂鸦区的特征表现出来？"

宸茜说："涂鸦区有很多颜料，还有两张大长桌，种了很多藤蔓，我们可以把那些藤蔓的须须画出来。"菲菲说："涂鸦区的大石头是个明显的标志，可以加上。"

老师对宸茜和菲菲的想法表示欣赏，鼓励她们帮着完善地图。"除了涂鸦区，还有其他发现吗？"

凌云建议在投掷区的投网旁边加上一些球；钦云说要把二楼车道的"加油站"画出来；昕妍说攀爬网中间的树要画出来；芷欣说二楼草地应该多画一些绿色的草……大家建议画的东西越来越多，几乎把整个幼儿园有的东西都要画上来。

老师问："你们觉得需要在地图上把所有的东西都画出来吗？"

诗涵说："不用画完，这样纸不够大，根本画不完。"

佳沁说："已经没有位置画了，画最重要的东西就可以了。"雨菲也支持说："画太满就不好看了，我们画最好玩的地方就可以了。"

经过讨论，孩子们一致赞成只把重要的地方画出来，凸显每个区域的特征。在地图修订的过程中，还有的孩子建议给地图上不好辨认的位置写上字，帮助使用地图的人识别地方。果然，兴趣越浓，他们解决问题的能力就越强。从我们的视角看，虽然地图还存在些许瑕疵，但无碍孩子使用。兴许，那些小错误根本就没有成为他们的障碍。

每天区域活动时间，大家都极其关心地图修订工作的进展。在全班集体的共同努力下，历时近一个月的幼儿园地图也终于完稿。

图9-37　勘察后调整地图

图9-38　幼儿园一楼地图

图9-39　幼儿园二楼地图

7. 我们的地图印制发行啦

看到孩子们精心绘制完成的地图，老师不由得发出了赞叹："你们的地图画得实在是太好了！下一步你们准备做什么呢？"

喆宽开心地说："我们可以把它用画框装好，放到幼儿园门口。"

森元说："每个区放一张，二楼草地也要，这样你走到哪里都可以看到地图。"

天奕和娜亿提议把地图分享给中班、小班的弟弟妹妹，智忠提议毕业典礼那天每个爸爸妈妈也都发一张。可是一楼和草地的地图都只有一张，怎么办？

琼琳说："我们可以多印一些，这样谁想要都可以发了。"印制地图的想法一提出来，大家纷纷同意，还有人建议把地图拍成照片，想要多少就可以洗多少。

老师把孩子们合作绘制的地图整理好发给了园长，兴华幼儿园的地图要正式"刊印发行"了！

图9-40　向中班和小班的弟弟妹妹宣传地图　　　　图9-41　向园长宣传地图

从"我最舍不得的地方"到"大家最喜欢的地方"，再到绘制幼儿园地图，我们感叹于孩子的能力不可估量。每一次丈量、实地"勘测"，都能感受到那份执着。为幼儿园绘制一幅地图，让第一次来幼儿园的人就能知道这里多有趣，他们大概是想竭尽所能表达——我的幼儿园是一个有趣的地方。从一幅地图的绘制过程中，我们看见了兴华娃的智慧：热情好奇、自信大方、主动思考、乐于表达、善于动手。这幅地图，也成为下一届新入园的小班家长和孩子熟悉幼儿园最生动的工具。

故事二：我的毕业证书诞生记

"毕业证书"的故事要从一张采购单说起。6月初，财务室张老师拿期末的采购清单到园长办公室签字，"毕业证书"向来由财务室统一购买发放。园长想，假如将毕业证书交由孩子自行设计制作，会发生什么样的故事呢？

1. 谈话：什么是毕业？

天奕说："毕业就是我长大了，要离开幼儿园了。"

森元说："毕业就是我们以后都不能回来上幼儿园了。"

琼林说："成为一名小学生就要先从幼儿园毕业。"

子睿说："毕业就是从幼儿园学习完，要换一个学校上学。"

娜亿说："毕业就是在幼儿园的生活结束了。"

喆宽说："一直上幼儿园会长不大，所以要毕业。"

天天说："毕业是让我们去新的地方学习，变得更有智慧。"

梓瑶说："毕业是跟幼儿园告别，然后去学幼儿园里没有的知识。"

浩哲说："毕业是开心的事情，因为我可以变成小学生了，好神气！"

芷忻说："毕业对我来说很重要，以后我不是幼儿园的小朋友了。"

鸿儒："幼儿园是小小毕业，小学是小毕业，中学是中毕业，大学是大毕业。要一直到我们当了爸爸妈妈才真正毕业。"

雨橦说："毕业让人开心又难忘，毕业后我可以交到很多好朋友，但又会很想念我现在的好朋友。"

对孩子们来说，"毕业"是成长、是离别、是重要的仪式、是新的开始，是他们人生中的又一个重要步伐。

2. 怎么样才能证明我们毕业了？

妍汐说："我们可以拍毕业照，有了毕业集体照就是毕业了。"

俊毅说："我觉得我们需要挂个牌子，像中班运动会的奖牌那样，上面写上'大一班已毕业'。"

钰雯说："当上少先队员，戴上红领巾才能证明我们毕业了。"

均钰说："参加毕业典礼后就说明我们毕业了。"

逸恒说："办一个毕业单。就是那种能证明身份的证件。"

诗蕊说："你说的是毕业证书吧？"

逸恒点点头："对，就是毕业证书。"

老师说："这个提议也不错。你们觉得哪个方法能更好地证明我们毕业了呢？"

诗蕊说："牌子（班牌）不好收藏。"

予然说："我在外面学英语得了一张证书，上面有我的名字，是独一无二的。"

均钰说："要毕业证书，有了毕业证书才能去上小学。"

天奕说："有毕业证书才能代表我们从幼儿园毕业了。"

琼琳说："毕业证书可以告诉别人我们读完幼儿园了，要长大了。"

子墨说："毕业证书是一本书，是一本关于幼儿园事情的书。"

宸翰说："等我们毕业也有毕业证书。我好想知道我们的毕业证书长什么样子。"宸翰的话引起了大家共同的好奇，纷纷你一言我一语地描绘起来。

对毕业证书长什么样子、代表什么意义，孩子们有着极大的探索热情。在宸翰提出"我们的毕业证书长什么样子"的问题后，老师建议大家回家先找一找，看看毕业证书都有什么共同的特征。

图9-42　讨论：怎么证明我们毕业了　　　　　　图9-43　谈话记录

3. 分享：我找到的证书

第二天，孩子们找来了各种各样的证书。利用晨谈时间，大家开始分享自己找到的证书。证书都有既定的用途，它们的共同特征有哪些呢？

老师说："看一看这些证书有什么特点？"

彦坤说："我在培训班学习的毕业证书，有我的名字，还有一堆英文。"

宇铭说："有照片，大头贴。但有的证书又没有照片呢。"

诗蕊说："这肯定是围棋证书，上面有个棋盘。"

宸翰说："这上面写着工程师。"

妍汐说："这个有'EF'，是我培训班的标志。"

老师说："这是象征的符号，看到这个证书就知道是关于什么的证书的。"

文梵说："有好多字，密密麻麻的。"

老师说："这些文字是用来说明这是什么证书的。"

了解了证书的基本信息之后，发现这些证书都有什么共同点呢？

均瑶说："都有'证书'两个字。"

妍汐说："有名字。有人的名字，也有其他的名字（学校）。"

铭阳说："有一段文字说明，可能是告诉别人这是什么的毕业吧。"

宸翰说："还有印章，红色的印章。"铭阳用眼睛快速地扫了一圈展示在电脑上的证书惊奇地说："哇，每一张都有印章，都是圆圆的。"

子心说："还有日期。每一张都有呢！"

均钰说："有些证书都不一样，每张证书都有自己的特点。"

观察和比较，是孩子们极其熟悉而擅长的。老师梳理孩子们在讨论过程中的精彩发现时，决定将"设计毕业证书"的问题抛给孩子。

老师问："所以我们的毕业证书上需要有哪些内容？"

文梵说："'兴华幼儿园'的名字一定要有，因为是幼儿园给我们发的证书。"

俊毅说："还应该有'毕业证书'这几个字。"

胤皓说："证书上要留出写名字的地方。我可是要把我的名字写上去的。这样才是我的毕业证书。"

钰雯、润哲、长恩："应该画上属于幼儿园的标识。青蛙是我们的吉祥物。"

逸恒说："还要写上毕业的日期。可以告诉别人我们是什么时候毕业的。"

诗蕊说："我们的毕业证书还要有我们喜欢的东西，像花果山，应该要有花果山。"

予然说："那轮胎山呢？你们觉得要不要画？还有大白鹅？"

……

与集体生活体验相关的话题，总能提供一个绝好的机会给孩子们来讨论。

图9-44　分享：我找到的证书

图9-45　谈话记录

4. 畅谈：我想要设计一张……的毕业证书

和伙伴们在一起的"创意畅谈"，这样的时光常常过得很快。我们鼓励孩子们大胆想象，到了大班，他们需要更多地将自己的创意变成现实的经历和体验，以不断地增强自己的独立性和自信心。

瑜芯说："我想要设计一张菱形的证书，和别人的都不一样。"

钰雯说："要有青蛙的，因为这是我们幼儿园的吉祥物。"

润哲说："毕业证书上要有兴华幼儿园的标志。"

茂榕、长恩："我想把教过我们的老师统统都画上去。"

鸿儒说："我想要设计一张把整个幼儿园都装下的毕业证书。"

铠然说："我要画玩沙区的大白鹅滑梯，这是我们幼儿园才有的！"

钰雯说："我想把花果山画到毕业证书上，我最喜欢去爬山了。"

卓悦说："我觉得轮胎山很好，我很喜欢在轮胎山那里玩。"

子茵说："我想要写上毕业日期，我想永远记住这一天。"

天奕说："我想要把幼儿园一切好玩的都画上去。"

逸恒说："我想要一张不同形状的证书，六边形的，它是超人胸前的标志。"

宇坤说："我觉得长方形的证书太大，放不进我的书包，我想设计一张小一点的证书，迷你版的。"

......

孩子们跃跃欲试，也想要设计一张自己的毕业证书。

图9-46　设计毕业证书

5. 第一次设计

（1）你对第一次设计的毕业证书满意吗？为什么？

很快，大家都完成了毕业证书的第一稿设计。他们对自己设计的作品满不满意呢？

予然说："不满意，（龙子心）设计的边框太大了。"

彦坤说："李逸恒的都要写不下字了。"

芷昕说："装饰太多了，密密麻麻，都遮住字了。"

钰雯说："我们挑了好多青蛙，不用这么多，选一个人画的就好啦。"

艺心说："有好多轮胎山，毕业证书上我觉得一个就够了。"

子茜说："还有他们的都没有画上花果山和轮胎山，也没有画我们的大树屋。"

逸恒说："要放的东西好多，相同的选一个就好了！"

子墨说："不行，太花了，要整齐点，留点空白更好看。"

立心说："字写得也不整齐，'毕业证书'四个字应该在中间，要留出写字的地方才可以。"

显然，孩子们对第一次设计并不满意。有些孩子注重装饰，出现装饰物过多的现象；

图9-47　第一次设计的毕业证书

有些孩子注重文字，但文字也太多；有些觉得毕业证书上必须有幼儿园标志的景点和标识……

（2）讨论：怎么优化

老师把孩子们提的问题一一列了出来。孩子们纷纷开始讨论毕业证书的优化思路。

老师问："下次遇到类似的问题时，你们觉得应该怎么优化？"

钰雯说："把字写得小一点。"

芷昕说："减少一些图案，把最喜欢的图留下来就可以了。"

俊毅说："可以把大家都喜欢的图案拼成一个大图。"

彦坤说："不要写太多字，我觉得图比字要好看。"

予然说："边框太大了，我们可以用细的线条装饰边框，这样更好看。"

文梵说："颜色种类可以少一点，图太花了不好看。"

煜煜说："不认识的字可以让老师先写在黑板上。我们可以慢慢画到证书上。"

老师说："其他班级的小朋友也在设计毕业证书，我们最终只能选出一张作为幼儿园毕业证的样式，该怎么办？"

予然信心满满："那就每个班选出一张，我们去比比看谁的受欢迎呗！"

好主意！也正因为是"设计自己的毕业证书"，孩子们更容易对自己作品有"吹毛求疵"的要求，老师鼓励孩子再次进行设计。

6. 第二次设计

第二次设计时，他们有了更多合作和讨论。

（1）投票：我喜欢的证书形状

瑜芯提议先一起商量班级毕业证书的形状和设计要用到的图案，因为只有这样才能设计出全班小朋友都喜欢的证书。她的提议得到了大部分同学的支持。

老师说："那我们先选出来大家都喜欢的毕业证书的形状吧！"

俊毅说："还是长方形的好，可以放很多东西。"

钰雯说："爱心形状会更好看。"

老师将孩子们提议的形状列成表格，用投票的方式选出证书的形状。

（2）合作：我们设计的班级毕业证书

虽然最后投票结果"长方形"获得了最高票数，但是还是有些孩子觉得"长方形"没有创意，可能在级组比赛中没有优势。

谢山说："又是长方形，太没有创意了。"

诗蕊说："可是长方形的证书更方便写字呀！其他形状不好写字。"

图9-48　投票：我喜欢的证书形状 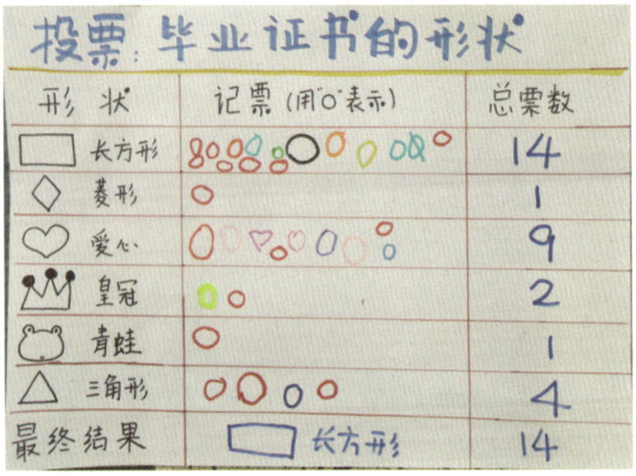　　　　　　　图9-49　投票结果

予然说："也许我们可以在长方形上做一些不一样的设计。"怎么把这个想法落实到行动呢？大家开始进行"头脑风暴"。

芷昕说："应该把花果山和轮胎山作为装饰，因为青蛙和我们的大草地是一体的。"

俊毅说："把拱桥画大一些，把大白鹅滑梯立在旁边。"

"一个人画得慢，那两个人一起画吧！""我会写字，我来写字。""我可以涂颜色。"……

怎么设计边框、用什么图案装饰、怎么写字……讨论结束后，大家开始分工合作，班级的毕业证书合作设计完毕。很快，七个大班的毕业证书也都完成了。每个班都设计了一张毕业证书，哪张会成为今年的毕业证呢？

图9-50　大一班设计的毕业证书

图9-51　大二班设计的毕业证书

图9-52　大三班设计的毕业证书

图9-53　大四班设计的毕业证书

图9-54　大五班设计的毕业证书

图9-55　大六班设计的毕业证书

图9-56　大七班设计的毕业证书

图9-57　合作设计

7. 第一次全园投票：我喜欢的毕业证书

老师把七张毕业证书做成了一个大展板，让所有大班的孩子们进行投票选出"我们的毕业证书"。

老师问："你们选了哪一张？为什么？"

宸翰说："当然是自己（班）的啊！"

诗蕊说："投自己的！我最喜欢的还是我们画的。这样我们才能被选上啊。"

予然说："我投的是自己的，因为我们有幼儿园独有的轮胎山。"

珺瑶说："我也是投自己班的。不投的话会让班里的小朋友失望的。"

宛然说："我选的是1号，因为里面有幼儿园的大拱桥。"

璟庭说："我选了自己班的，因为我们班的青蛙更有创意。"

彦坤说："我选了2号，因为里面有我最喜欢的独角兽。"

图9-58　投票：我喜欢的毕业证书

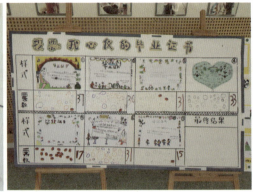

图9-59　投票结果

雨桐说："每个毕业证书我都很喜欢，我希望我们的被选上，因为里面有很好的祝福。"

森元说："我觉得自己班的就是最好的！"

喆宽说："其他的也很好看，我们应该给别人鼓鼓劲儿。我选了大四班的！"

琼琳说："大三班的爱心证书很好，很有创意。我想给别人机会（赢）。"

……

8. 整合元素：我们都喜欢的毕业证书

投票的结果出来了，除了大五班和大七班的票数相对少一些，其他五张毕业证书都获得了比较高的选票。

老师问："每个班的票数都差不多，这下该怎么办呢？"

俊毅说："我觉得选好图案，合在一起，变成一个大大的毕业证书。"

文梵说："选一张最喜欢的（作为样式），然后在空白的地方添加每个班自己的图案。"

彦坤说："把七张订在一起，做成一本书，这样每个班都有了！"

钰雯说："哈哈，这真的是一本毕业证'书'。"

谢山说："我们有这么多人，那园长得花很多钱给我们做毕业证书！"

天奕说："是啊，不要浪费钱。"

鸿儒说："我觉得把每个班都喜欢的地方都画在一起，做成一张就好了。"

瑶夕说："把好看的图案选出来，做成大家都喜欢的样子。"

把每一张毕业证书最受欢迎的部分选出来，组合设计成一张"大家都喜欢的毕业证书"，孩子们的想法令我们感到欣喜和感动。这个想法也得到了大家的一致赞同。每个班都选出了自己认为最好的图案，大一班的大白鹅和花果山、轮胎山；大二班的独角兽和小爱心、大三班的拱桥、大四班的青蛙画框、大五班的小人和小气球、大六班的小青蛙、大七班的字……他们请张园长帮忙把这些图案合成新的"毕业证书"的样式。

图9-60　选择我们喜欢的部分

图9-61　把想法告诉张园长

9. 最终投票：我们的毕业证书

最后，张园长把孩子们共同选出来的图案和样式进行了调整，最终形成了三张毕业证书的样式。孩子们纷纷表示："还有把青蛙的肚子设计成边框的，在肚子里写字的，太有创意了！"哪张证书会获得孩子们的青睐呢？我们再一次进行了投票。

支持1号的孩子们觉得：

"这张的东西特别多。"

"外边框很好看，有很多图案，有很多颜色。"

"边框的星星和兴华幼儿园的'兴'读音是一样的。"

图9-62　1号毕业证书

图9-63　2号毕业证书

支持2号的孩子们觉得：

"拱桥的位置最显眼。"

"和1号相比少了边框更加好看。"

"2号的青蛙张开手，像在拥抱小朋友。"

支持3号的孩子们觉得：

"3号证书的青蛙很大胆，一只脚踩在花果山上。"

图9-64   3号毕业证书

"有轮胎山也有天使，还有'飞马兽'。"

"3号的青蛙看起来很滑稽。"

"青蛙好像在爬花果山，超有活力。"

"有大家喜欢的青蛙、大白鹅、轮胎山、拱桥。"

"3号证书比另外两张都要简洁干净，看起来很舒服。"

"这只青蛙'有神气的感觉'。"……

在最终投票中，3号证书因为有"一只脚踩着花果山、特别神气的青蛙"高票胜出。经过漫长的对话、激烈的讨论和共同创作，最后，大班毕业证书终于出炉了。

"设计毕业证书"缘起一个突发奇想，但当孩子们积极投入其中时，我们看到教师预设、幼儿生成、师生共同探索的状态，更深刻地认识到，当我们给予更多有价值的探究原点时，孩子们并不需要我们鼓励就会有好奇心，他们常常乐意花时间进行探索和尝试。而一旦确定了某个重要的兴趣点，老师的职责就是组织问题讨论、经验分享，支持孩子们不断从熟悉的经验中拓展新的经验，鼓励他们进行创造性思维活动，帮助他们在探究计划和执行的过程中不断反思和深入探究。

故事三：再见，亲爱的幼儿园

和幼儿园说再见的日子越来越近了。这是孩子们人生中的第一次怎么"说再见"，也是我们要和孩子们讨论的一个重要问题。

1. 什么是"再见"？

胜炜说："再见就是下次见。"

琼琳说："是一个约定，是朋友的约定。"

沐馨说："再见是难过的事，我以后上了小学就见不到我的好朋友梁嫣然了。"

奕朗说："再见就是分开的意思。"

　　昱钧说："再见是有礼貌的话，我觉得每个人都会喜欢。因为你走的时候不说再见，别人有可能会伤心。"

　　牧谦说："好朋友分别的时候就会说再见。"

　　振宇说："再见就是以后哪一天我们又见到了。"

　　益楷说："是毕业了的意思，跟老师和小朋友说再见了，以后上小学了我会想念大家的。"

　　千宇说："我每天来幼儿园的时候和爸爸说再见，放学的时候和老师说再见，我觉得很好，因为总是能见着的。"

　　宛彤说："我想跟老师和小朋友说再见，我希望他们能够记得我。"

　　我们知道，问好和告别的时刻总是极具"社会影响力"的。在孩子们看来，"再见"是一种期待、一种愿望，也是一种带着伤感的离别。共同生活了三年的好朋友、老师、园长、厨师叔叔……还有陪伴了自己三年的幼儿园、心爱的玩具等，都值得好好回味、庄重告别。

图9-65　"说再见"

2. 你觉得"说再见"重要吗？为什么？

　　千宇说："是的！因为说再见和说我喜欢你一样重要。"

　　泽厚说："很重要，如果你不说可能以后就找不到这个人说了。"

　　子晨说："当然，这跟和别人打招呼的时候说你好一样重要。"

　　明宇说："我觉得要看情况，如果你不想说也可以不说。"

　　嘉皓说："我也不知道，但是该说的时候还是要说，因为如果不说会不大礼貌。可能别人希望听到你说再见。"

　　张梵说："如果你走的时候不说再见，别人会觉得你不想跟他们做朋友了。"

3. 你想跟谁说"再见"？

俊毅说："我想和老师说再见，谢谢老师陪伴了我三年。"

晟铭说："我想和厨师叔叔说再见，我要谢谢他给我们煮了这么多好吃的东西。我最喜欢他们做的自助餐。"

思林说："我想和我的好朋友说再见，我们在幼儿园一起玩了很多游戏，我很开心。"

子睿说："我想跟陈智忠说再见，希望以后还可以一起玩。"

文慧说："我想和保安叔叔说再见，谢谢他保护了我们那么久。"

俊玲说："我想和我的小椅子说再见，我想和它说我会回来幼儿园看你的。"

雅涵说："我想和玩具说再见，希望下次玩它的人也是个小可爱。"

梓榆说："我想和幼儿园说再见。希望以后来上幼儿园的人都是可爱的小朋友。"

鸿儒说："我想跟自己说再见，希望以后当了小学生也能很开心。"

北辰说："我想和园长说再见，园长给我们买了很多玩具，我很喜欢在幼儿园的树屋玩，谢谢园长给我们做了那么好玩的树屋。"

······

我们鼓励孩子用自己的方式，跟自己想要告别的人、事、物"说再见"。我们希望用一种好的、温暖的告别仪式，为他们结束幼儿园生活、开启新的人生旅程，带来某些积极意义。

图9-66   和大型器械"说再见"

图9-67   和滑滑梯"说再见"

图9-68   和全班小朋友"说再见"

图9-69   一起和老师"说再见"

4. 给园长写一封信

从2018年起，每一届毕业的大班孩子和家长还有一项重要的"工作"要完成——给园长写一封信。每个人都要给园长写一封信，告诉园长自己在幼儿园的三年过得怎

图9-70　给园长的一封信

样，告诉园长他们觉得幼儿园是一个"什么样的幼儿园"，园长要怎么做才能让这个幼儿园变得更好。

让孩子们把想对园长说的话写成一封信，不需要老师多说，他们就热烈地讨论起来，因为这是他们熟悉的事。

皓宇很兴奋："我一定要写一封信给焦园长，告诉她我喜欢幼儿园的玩具。"

思如说："我想告诉园长很多悄悄话，不过我一定会跟她说我很喜欢她每天早上在门口和我打招呼。"

兴馨说："我要告诉她我觉得幼儿园就像我另一个美丽的家。我很喜欢幼儿园。"

雨桐说："我觉得后山如果再有一个高塔就更好了，还可以放多一些玩具，我得告诉园长，那里的玩具不够。"

睿浩说："我特别喜欢幼儿园的活动，喜欢泼水节和露营，我要告诉园长这些活动很好。"

写信是这周末孩子和家长的"大事"。周一回来，每个孩子都认真地把自己写好的信和爸爸妈妈写的信交给老师，还嘱咐老师转达园长要"认真看"。从他们的每一封信中，我都读到了温暖、感恩、成长、幸福。有充满爱意的问候信、有充满谢意的感恩信，有很多真诚的表白信，还有很多充满好奇的"问题信"……

故事感悟

"仪式是什么？它就是使某一天与其他日子不同，使某一时刻与其他时刻不同。"用一个月告别在园的三年，是想提醒幼儿认真对待每一段结束、认真对待每一段开始，这是热爱生活的一种方式。每一届大班的孩子都用自己不同的方式给幼儿园留下自己的痕迹，一张地图、一幅作品、一句话语、一封书信，都是极具价值的符号本身。当他们用自己的思想和行动来和最后的幼儿园生活告别时，认真、热情的生活态度本身便是一种收获与成长。我们越投入、越沉浸其中，时间越临近，我们就越感到幸福，才会更为这个时刻而感动。

《再见了，我的幼儿园》的故事远不止于此，我们尝试通过有计划地预设主题，搭建框架，接着放手让儿童去主动生成课程内容、拓展课程脉络。当一个个奇思妙想迸发出来的时候，没有人说"我不知道""我不会"，而是"我想怎么做""这样做也许可以""我们试一试"，我们总能在幼儿的身上感受到成长的力量，感受到这种弹性课程的不确定性带来的魅力。

～西红柿炒鸡蛋～

　　陈鹤琴说："小孩子只喜欢两桩事，一桩是吃，一桩是玩。"为孩子们"玩好"创造丰富的条件是我们的重要任务，让孩子们"吃好"，并且从"吃"这件事上有所收获也是我们关注的重要课题。幼儿园的野炊区兼具玩好、吃好的双重价值。每学期以班级为单位开展的野炊活动，是孩子们翘首以盼的"生活"。我们希望孩子们能在真实的生活体验中感受生活、学会生活、热爱生活。"西红柿炒鸡蛋"是一道家常菜，也是我们幼儿园既定的"园菜"：小班孩子学习打鸡蛋，中班孩子自己切西红柿，大班孩子要亲自烹制"西红柿炒鸡蛋"这道菜。炊烟升起时，故事便开始了。

小班：打鸡蛋

1. 鸡蛋会疼吗？

　　老师给每个孩子发了一枚鸡蛋。小班孩子拿到鸡蛋时，既紧张又激动。他们要负责把40个鸡蛋全部打到碗里，还要搅拌打散。对第一次开展野炊活动的小班孩子来说，这可不是一件容易的事。

　　"哈哈，推一下鸡蛋就滚开了。"君帅把鸡蛋轻轻地在桌上滚了几下。"因为它有点圆。"艺涵转过头回应君帅的"发现"。

　　一诺闻了闻手里的鸡蛋："我好像闻到炒蛋的味道了。"说完便咯咯咯地笑了起来。一城摇晃了一下鸡蛋说："我听到里面的鸡蛋有声音呢！"孩子们有的举起鸡蛋左看看右瞧瞧；有的小心翼翼尝试把鸡蛋壳敲裂；有的小心谨慎地摸一摸闻一闻，新奇得不得了。

雅文用手指敲了敲鸡蛋壳："这个蛋壳有点硬，我的手敲不开它。"

"这样敲，（鸡蛋）会不会疼啊？"比豪看上去有点担心。

一诺转头回应说："不会的，你轻轻敲它（就不会疼）。"听到一诺的安慰，比豪的小担心终于放下。

图10-1　领到鸡蛋

图10-2　尝试剥开鸡蛋

2. 敲一下，鸡蛋就"冲"出来了

孩子们一边闲聊，一边开始研究怎么把鸡蛋敲开，让里面的蛋液顺利地倒进碗里。

"我用力捏也捏不破。"子谦两手拿着鸡蛋不断转动着尝试把鸡蛋"捏破"。一城看了看，拿起旁边的叉子在鸡蛋上敲了几下："我用叉子也敲不开呢。"旁边的曼玲拿起鸡蛋轻轻往桌上敲了几下，鸡蛋裂开一个小口，她剥开蛋壳，顺利地把蛋液倒进了碗里。看到曼玲成功地敲开了鸡蛋，大家也学着拿起鸡蛋在桌上敲了几下。

光耀拿起鸡蛋用力地往桌上一敲，鸡蛋碎了，蛋液流了一地："啊，我的鸡蛋（液）掉到地上了。"一城也敲开了鸡蛋："敲一下，鸡蛋就'冲'出来了。哈哈！"子谦拿着鸡蛋轻轻磕了一下桌面，一点点仔细地剥开鸡蛋壳："咦，我的鸡蛋壳剥完了，怎么鸡蛋软软的？"原来，鸡蛋的膜还完好无损。

"哈哈，像个弹球一样！"一城摸了一下还包着膜的鸡蛋惊奇地说道。坐在他对面的比豪打鸡蛋的时候小心翼翼，敲裂蛋壳之后，他整整用了七八分钟才把鸡蛋液全部"滴"进碗里。

打鸡蛋给了孩子们不一样的感受：和剥熟鸡蛋不同，打开生鸡蛋不仅需要掌握一定的力度，而且需要注意动作和方法。尽管过程中会出现种种小意外，但是每次将鸡蛋敲开，总能听到孩子们的欢呼。

图10-3　鸡蛋好黏　　　图10-4　鸡蛋"冲"出来了　　　图10-5　蛋液都流进碗里了

3. 打鸡蛋是一种什么样的感觉？

雅文说："鸡蛋壳硬硬的，捏都捏不开，要敲。"

哲宇说："打开之后，里面有好多蛋液！一下子冲出来了。"

曼玲说："我觉得蛋液像果冻，蛋黄好好看。"

一城说："鸡蛋包着皮的时候软软的，像个皮球。"

比豪说："鸡蛋液摸起来黏黏的，把蛋壳敲个小洞洞，它就会流出来。"

海源说："打鸡蛋的时候好像在敲门。"

一诺说："鸡蛋有点圆，不过它闻起来香香的，打开了还是香香的。"

光耀说："我打鸡蛋的时候太大力，把鸡蛋打碎了，我还要练习。"

世城说："鸡蛋液黏黏的，像鼻涕一样，哈哈哈。"

萧然说："敲一点点裂缝，它（蛋液）就能流出来。"

……

鸡蛋是生活中最寻常不过的一种食物。打鸡蛋的过程中，孩子们去摸、去闻、去看、去听、去感受、去尝试，最平常的做菜步骤也充满了各种趣味。这恐怕就是赋予食物温度和情感最重要的过程了吧！

中班：我会切西红柿

1. 这是假刀呀

洗菜小分队的孩子早早把西红柿洗干净、沥干水。切菜小分队的孩子也早早穿好围裙、拿上菜板和一把小刀，跃跃欲试。孩子们第一次切西红柿，出于安全考虑，我们只准备了切蛋糕的塑料刀。老师没有示范切的方法，只是提醒大家注意安全。他们开始自由地摸摸、闻闻、切切。

"这个西红柿实在太难切了。"首洋一手拿刀另一手用力地压在刀背上，还是没有切开西红柿。

一旁的焯彦也费力地"锯"着手里的西红柿："我这个好硬，肯定是太老了。"

子桐也是用"压""锯"的方法，好不容易把西红柿切开，但压得太用力，西红柿汁流得到处都是。她有点无奈地说："塑料刀一点都不好用。"

佳芮点点头转向老师表达她的"不满"："老师，这是假刀啊，假刀怎么切菜啊！"其他人纷纷点头附和："就是，好难切啊。"

图10-6　塑料刀切西红柿

图10-7　塑料刀不好用

无疑，我们过于充分的好心并没有获得孩子们的认可。因为"假刀"给切西红柿带来了困阻，有些孩子很快便放弃了切菜的挑战离开了操作台，佳芮、子桐和焯彦虽然不满，但还是坚持留下完成"任务"。发现孩子对假刀不满意，我们也开始考虑要不要给野炊区的切菜小组换真刀。

2. 真刀上阵（请在老师、家长监护下使用）

几番商讨之后，野炊区终于有了孩子们能用的"真刀"——小巧的水果刀：水果刀既比塑料刀锋利好切，又可以避免刀锋过于锋利出现安全问题。

星星把西红柿放平，一刀插进去中间，刀卡在里面拔不出来，着急地说："啊，我的刀被西红柿卡住了。"旁边的艺玲有点局促："我不会切，我也想试一试。"一旁擅长切菜的芷萱放下手里的刀，手把手地教起艺玲："你的左手要放在刀背后面，右手用力切下去，锯开，这样就能把西红柿切开啦！""真厉害！"艺玲和星星不由地佩服道。

轩轩没有扶稳西红柿，用力一切，西红柿就"跑"了："哎呀，它好滑呀！哈哈！"烁添切得着急了，手一滑差点切到手，他拍拍胸脯长呼一口气："还好还好，我差一点就割到手了。"

齐豫第一刀没切开，手压下去西红柿汁粘了一手，忍不住舔了舔手："有点酸酸甜甜的，哈哈哈。没切开。"

"切不开可以用手压一下刀，像我这样。"子瑜用力把刀压下去，西红柿的汁水忽然溅出来喷到了围裙上，她看看旁边的小伙伴，然后惊呼："这个西红柿好厉害啊！"每个人都哈哈大笑起来，继而又开始专注地切起手中的西红柿：有的竖着切，有的横着切，有的切大块，有的切小块。

图10-8　切西红柿（1）

图10-9　切西红柿（2）

虽然手上粘满了黏糊糊的西红柿汁，但孩子们的心情丝毫不受影响。他们越发起劲，越切越快。果然，做事的兴趣是越做越浓，做事的能力也是越做越强。看到孩子们的表现，老师和家长从担忧变成了欣赏和惊叹。

3. 切西红柿有什么感受？

芷萱说："切开的西红柿里面像超轻黏土一样，软绵绵的。"

艺玲说："我切西红柿的时候不小心切了一下手，我都没有叫（害怕），我妈妈就叫起来了，我都不怕！下次注意点就可以了。"

庆伊说："切西红柿很开心，切开可以看到里面有很多小籽呢！"

烁添说："西红柿好滑，切的时候要扶稳了，不然会跑。"

星星说："西红柿里面好多汁，你要切开才能看到。"

……

"凡是孩子能做的，应该让他自己做。"我们的原意如此，行动也如此。在"假刀"和"真刀"的选择中，我们最终选择了相信孩子，因为我们坚信在真实的环境中解决真实的问题远比消极的保护更有效。

大班：西红柿炒鸡蛋

到了大班，除了打鸡蛋、切西红柿、剥玉米、择菜、洗菜等备菜工作，孩子们还要亲手烹制"西红柿炒鸡蛋"这道菜。为了做好这道菜，他们必须做足准备工作。

野炊活动正式开始之前，老师给孩子们布置了家庭作业：向爸爸妈妈学习西红柿炒鸡蛋的烹制方法。第二天，大家在晨会上一起分享各自的收获与发现。

野炊要用到什么材料？大家开始讨论起需要用到的食材、餐具、洗切用具和清洁工具。他们想得周到又细致，连清洁用的纸巾也没有落下。

图10-10　食材讨论　　　　　　　　　图10-11　餐具、洗切用具讨论

图10-12　其他用品讨论（1）　　　　　图10-13　其他用品讨论（2）

1. 经验准备：西红柿炒鸡蛋的食材和做法

（1）材料准备：西红柿炒鸡蛋需要哪些材料？

宇明第一个回答："要西红柿和鸡蛋，而且鸡蛋的数量要比西红柿多一点，不然除了西红柿就看不到鸡蛋了。"大家纷纷同意。

老师问："烹制西红柿炒蛋这道菜，除了西红柿和鸡蛋，我们还需要什么佐料呢？"

铭浩说："油和盐，炒菜一定要放油和盐。"

子欣说："还有糖，西红柿的味道有点酸酸的，放点糖就没那么酸了。"

天睿说："最后还可以放点葱。我们的菜地里种了小葱。"

图10-14　讨论佐料

图10-15　需要用的佐料

看来，材料的准备已经不成问题。孩子们对炒菜所用到的佐料也已经相当熟悉。烹饪涉及烹制顺序、翻炒方法、生熟判断和口味把握，为了让孩子们成功地制作出一道西红柿炒鸡蛋，大家还需要对其中的烹制方法和烹制细节进行讨论。

（2）烹制方法：先炒西红柿还是先炒鸡蛋？

在分享"西红柿炒鸡蛋"的烹制方法时，班里出现了两种不同的观点。

铠然分享了他跟爸爸妈妈学到的方法："先放油，油有点热了就把鸡蛋先放进去翻炒一会儿，盛出来。再把西红柿放进去炒。等到炒出汁了再把鸡蛋放进去一起炒。放上盐和糖，再撒上葱花就可以出锅了。"一边说，铠然一边把和妈妈一起制作的流程图展示给大家看。子心立即赞成铠然的方法："就是这样，先把鸡蛋炒熟，然后再把西红柿炒熟，再把它们混合炒就可以了。"

钰雯有不同的观点，他认为要"先炒西红柿"。他说："先锅里放油，再把西红柿放进去炒出汁，然后把鸡蛋液倒进去锅里一起煮熟，最后放盐和糖。我姥姥就是这样

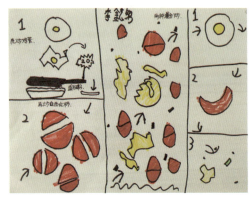

图10-16　铠然的西红柿炒鸡蛋流程图

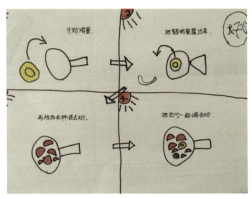

图10-17　子心的西红柿炒鸡蛋流程图

图10-18　钰雯的西红柿炒鸡蛋流程图

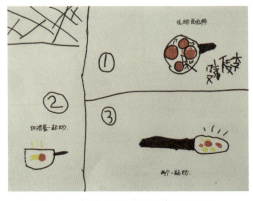

图10-19　俊毅的西红柿炒鸡蛋流程图

炒的，特别好吃。"俊毅和田田、隽月表示赞成，他们都认为西红柿和鸡蛋不用分开炒。

先炒西红柿还是先炒鸡蛋的问题分化成了两派。两种观点僵持不下，最后老师提议两种方法都试一试，再对比一下哪种方法做出来的西红柿炒鸡蛋味道更好。

（3）细节讨论：炒菜时需要注意的问题。怎么判断菜熟了没有？

图10-20　西红柿炒鸡蛋的制作方法

田田说："鸡蛋熟的时候会凝固，一块一块的。"

均瑶说："鸡蛋翻炒几下，没有水的形状了，就是熟了。"

隽月说："西红柿熟了会变软，会有番茄酱一样的汁。"

铭浩说："可以盖上锅盖焖一会儿，等菜汁冒泡变软了，就熟了。"

老师说："那你们炒的时候要注意看一下，确定菜熟了再起锅装到盘子里。"

油、盐、糖放多少？

宇明说："吃太多油和盐不健康，如果咸了我们要喝好多水，所以我们要放少一些。"

老师问："那我们怎么确保放得刚刚好呢？"

宇明说："可以用勺子放油，看到差不多够了就行。"

妍沁说："盐可以一点点加，尝一尝，不够味道再加（盐），糖也是，不能太多，太甜了不好吃。"

老师说："对，我们放调料的时候要注意适量，根据菜的量来决定放多少，可以一点点添加。"

（3）炒菜时要注意的安全事项有哪些？

佳彤说："不能用手去摸锅，不要被烫到手。"

宇坤说："倒油的时候要小心，要小心油溅到身上。"

天睿说："不能离锅太近，也不能用手摸锅。"

老师回答说："对，要等锅干了才可以放油，炒菜的时候手可以扶着锅的把手，但不能摸锅边缘。"

图10-21　讨论注意事项

图10-22　观看做菜视频

孩子们对烹制"西红柿炒鸡蛋"的过程和方法在讨论中一点点清晰而具体起来。老师给大家播放了一个炒菜的视频，让大家对各种做菜细节的印象更加深刻。

2. 亲自烹制：西红柿炒鸡蛋

终于正式开炒了。一开始，两个小组的炒菜工作都进展得相当顺利。俊尧把油倒进烧干的热锅，妍沁负责倒入搅拌好的鸡蛋液，铠然慢慢地翻炒起来。很快，鸡蛋液在高温下迅速膨胀凝固。大家高兴地鼓起掌："锅里的鸡蛋像开花了一样。"鸡蛋完全成型后，铠然把鸡蛋盛出来装到碗里。

"好香啊！"大家好奇地看看、闻闻。一时间忘记了接下来要干什么。锅已经热起来并开始冒出了些许热气。老师提醒说："接下来要炒什么？"

"西红柿，要炒西红柿。"子心拿起西红柿准备倒进锅里。

老师问："炒西红柿之前还要放什么？"

俊尧说："油，加点油。"铠然端起碗里的油倒进锅里。子心把西红柿倒进锅里，"嗞啦"一声，锅里冒出一阵"白烟"，油溅出来，孩子们被吓了一跳，不约而同地往后退了几步。反应过来后，大家又哈哈大笑起来。

子心拍拍胸脯，舒一口气："好险好险，差一点就被烫到了。"

俊尧上前拿起锅铲，说："我一点都不怕。"他用手扶着锅柄，开始翻炒西红柿。等到西红柿熬出汤汁，把炒好的鸡蛋倒进来，翻炒片刻。子心放了些许盐和糖，隽月加入了一些从菜地摘来的葱花，西红柿炒蛋出锅啦！

"我们的西红柿炒蛋做好了，好香呀！""我们成功了！""我们太厉害了，我们是小厨师！"大家不禁欢呼起来。

图10-23　盛出鸡蛋

图10-24　炒煮西红柿

图10-25　盖上锅盖焖一会儿

图10-26　西红柿炒鸡蛋出锅啦

　　从食材准备到烹制完成，孩子们一开始信心满满，到过程中的"手忙脚乱"和"不知所措"，再到最终的欣喜与感动。相比于"看"别人做饭，孩子们显然对亲手烹制更感兴趣。这顿柴火饭不但向我们生动而具体地呈现了孩子们的好奇心、兴趣、经验和能力，把食材变成一道美食的探索过程；而且还向我们展示了他们大胆尝试、团结协作、随机应变的生活智慧。

3. 最美味的菜：西红柿炒鸡蛋

　　两种不同烹制方式炒出来的西红柿炒鸡蛋，哪个味道更好、哪个更受欢迎呢？

　　凯森说："这个（先炒西红柿）的西红柿软软的，这份（先炒鸡蛋）的炒鸡蛋香香的。我喜欢吃鸡蛋，所以我觉得鸡蛋和西红柿分开炒的味道更好。"

　　天睿说："（先炒西红柿）这个鸡蛋碎碎的，但是西红柿的汁很多，酸酸甜甜，拌面最好吃了。"

　　宇坤说："成块的鸡蛋这盘味道更好，味道很香。"

　　田田说："两个都很好吃，如果你要汤汁多的，你可以选择西红柿和鸡蛋混合炒的这盘。"

　　俊尧说："我喜欢我们这组炒的（先炒鸡蛋），自己炒的最好吃了。"

　　铠然说："我觉得他们炒的也很好吃，我们都很厉害。"

　　牧洋妈妈说："两份菜味道都很赞，都把西红柿和鸡蛋的味道混合得很美妙，我两份都很喜欢。"

　　哲宇爸爸说："今天刚好煮了面，我用这个（先炒西红柿）拌面，味道超级赞，小朋友们都很厉害！"

图10-27　烹饪好的西红柿炒鸡蛋成品（1）

图10-28　烹饪好的西红柿炒鸡蛋成品（2）

图10-29　品尝野炊菜肴（1）

图10-30　品尝野炊菜肴（2）

　　这两盘西红柿炒鸡蛋受到了大家的喜欢。西红柿炒鸡蛋不仅是一道能吃到、能闻到、能看到、色香味俱全的家常菜，是孩子、家长、老师在烟火气息里体验到的生活趣味，而且是一种朴实无华的生活态度的具体再现。于我们而言，食物不仅是味道本身，而且是一种情感和记忆的生发线索。事实上，我们并不期望孩子能记住这道菜的烹制技巧，而是希望他们能够充分感受和体会当下吃这顿柴火饭的情感。

关于野炊，我们的发现与感受

1. 孩子说

（1）野炊时，最难的事情

　　鹏悦说："剥玉米太难了，我都不够力气把叶子撕下来。"

　　仲阳说："当然是打鸡蛋了，打鸡蛋手太累了，还要搅拌鸡蛋液！"

　　寿洋说："最困难的事情是捡柴火，因为我都捡不完，树枝还老是掉下来。"

　　焯彦说："我觉得搅拌鸡蛋的时候最困难了，要一直搅拌，直到蛋黄都混合在一起，要是野炊区有打蛋器就好了。"

　　姚尧说："我觉得最难的是把烤好的玉米拿出来，那个太烫了，一定要戴手套。"

　　悦豪说："择菜不容易，要很仔细，不然择不干净，还要洗。"

　　田田说："我觉得包饺子好难，饺子都粘不牢，里面的馅都跑出来了。"

　　卓悦说："最难就是收拾垃圾了，最后要打扫很久才能收拾干净，还要洗锅。做家务太辛苦了。"

图10-31　剥玉米

图10-32　捡柴

图10-33　择菜

图10-34　洗菜

图10-35　烧火

图10-36　用锡纸包玉米

图10-37　包饺子

图10-38　擦桌子

图10-39 洗锅

图10-40 一起抬装有红薯的饭桶

（2）野炊时，最好玩的事情……

智恒说："最好玩的是打鸡蛋，生鸡蛋里面有水，熟鸡蛋没有呢。"

宁静说："吃最好玩。我坐在墩子上吃。可以（在户外）吃饭很开心。"

钰玲说："烧火（好玩）。叔叔烧火厉害，火好大，脸暖暖的。"

泉林说："我觉得炒菜最好玩了，炒菜的时候很暖和。"

焯彦说："我觉得捡柴很好玩，因为花果山上有很多宝藏，在捡柴的时候可以去看宝藏。"

安迪说："包饺子好好玩，饺子摸起来软软的，我最喜欢包饺子了。"

倪倪说："剥玉米非常容易，我剥得最快，剥玉米好玩。"

牧远说："我觉得洗菜最好玩，水冰冰凉凉的。"

致远说："剥玉米和烤红薯好玩，弄好用锡纸包着，烤熟了就能吃了。"

图10-41 剥玉米最简单

图10-42 和叔叔一起烧火

图10-43　剥玉米粒

图10-44　洗西红柿

图10-45　吃烤玉米

图10-46　一起做的饭菜最香

（3）你觉得幼儿园的野炊活动怎样？

肖宋说："我觉得野炊太好玩了，可以洗菜、打鸡蛋。"

吕橙说："有很多人在一起做饭，感觉很好玩。"

嘉慧说："野炊的饭菜香香的，特别是可乐鸡翅，我吃了三个了还想吃。"

祺祥说："野炊做的饭菜很好吃，所以我想再吃一次这样的饭。"

飏宇说："野炊的饭菜太好吃了，我吃到很多好吃的东西，做了很多事，吃了我自己摘的豆角。"

谌谌说："今天是幼儿园很棒的一天，我想跟大家说我们吃的东西简直是美味极了。"

枫枫说："好吃到我都停不下来，做的所有东西都太好吃了。"

宇明说："野炊真好玩，我想再玩一次。"

图10-47　在户外吃午饭

图10-48　野炊的饭菜最香

图10-49　《我正在吃西红柿炒鸡蛋》

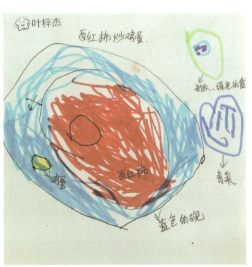

图10-50　《西红柿炒鸡蛋》

图10-51　《今天我做了……》

图10-52　《我和伙伴去捡柴》

2. 家长说

笑笑妈妈说："我在家里做家务的时候，孩子总想帮我，但我总觉得她小，干不了什么。没想到幼儿园组织的野炊活动，特地交代我们要让孩子参与、不要剥夺孩子的成长权利。刚开始我还很担心孩子不能完成，但没想到他们都比我们想象的要能干，是我们习惯性地认为他们弱小。"

凯森妈妈说："野炊活动太棒了，让我知道了原来孩子并不是在搞破坏，而是他们在用自己的方式探索与体验，在这个过程中他们不断学习、收获了直接的生活经验。"

飏泽爸爸说："野炊活动也把我带回了小时候，那时候我们就是每天都吃柴火饭，现在我们的孩子借着幼儿园野炊的机会也能尝试和体验一顿柴火饭，这肯定能成为他们心中最美好的童年记忆。"

家业爸爸说："孩子在幼儿园学习了打鸡蛋之后，回家更加主动积极地帮着妈妈做家务，看着孩子积极主动的样子，我想幼儿园的野炊活动肯定让他们学会了不少。"

图10-53　家长在炒菜

图10-54　家长在清洁野炊用具

图10-55　家长在清洗食材

图10-56　家长在准备食材

谌谌爸爸说："在现在习惯吃快餐的时代，能让孩子有野炊、柴火饭的体验实属难得。野炊时幼儿园给孩子、给我们提供的是一种情感的唤醒机会。我很少给孩子做饭，孩子印象中的美味都是某某店的外卖。现在他有了新的印象了，就是爸爸做的可乐鸡翅。"

3. 老师说

张老师（大一班）说："自从幼儿园开展了野炊活动，孩子们不怕脏，不怕累，不怕苦，自理能力也越来越强了。他们从中不仅体会到了人多力量大、团结协作的感受，而且还学会了烹制西红柿炒鸡蛋这道菜。而且他们还回家为父母做了这道充满爱和幸福的番茄炒蛋。或许，这就是野炊带给孩子们的成长。"

王老师（中三班）说："两次野炊都是我带着孩子到花果山上捡柴火。在捡柴的过程中，最让我动容的是一个孩子在花果山半山腰发现了一根很大很长的树干，他自己搬不动，还没等他开始求助，旁边的几个小伙伴不需要任何提醒就主动上前帮忙。在把树干运往灶台的过程中，没有一个人放弃，而且越来越多的小朋友上前帮忙，'嘿呦嘿呦'哼唱着把树干抬到了野炊区。一根树干凝聚着他们所有人的力量。走在孩子们后面的我当时特别自豪地跟旁边的人说：'看呀，这是我们班的小朋友。'野炊不仅仅是体验在户外做一顿饭、吃一顿饭这么简单，他们也在经历着问题解决、互帮互助的成长过程。"

陈老师（小一班）说："野炊让我感觉回到了童年的时光，不禁怀念起小时候在老家用炉火烧菜的日子。我觉得孩子们特别幸福，在深圳这个大都市里可以感受并享用柴火饭，他们在这个过程中的感受很真切、很难忘。大家都为了这顿简单的柴火饭而努力，很美好。"

故事感悟

树荫下野炊区的柴火饭香气从春夏淌至秋冬，令人欣喜与感动。"西红柿炒鸡蛋"这道菜，成为幼儿、家长、老师心向往之的人间烟火。在深圳这个大都市中，这种纯粹质朴与恬淡惬意，尤能直抵人心。围绕着"吃一顿柴火饭"展开的故事，是课程与生活的完美契合。

野炊活动开展至今，我们也听到过许多质疑的声音，比如：食品卫生能否保障？"真吃"真的合适吗？如此"放手"会不会存在安全隐患？家长会支持吗？……归根结底，安全问题和家长态度是影响野炊活动能否顺利开展的两大关键问题。《幼儿园教育指导纲要（试行）》指出，"幼儿园必须把保护幼儿的生命和促进幼儿的健康放在工作的首位"，确保幼儿安全是一日生活中的首要任务。野炊活动中，安全更是重中之重。为杜绝野炊过程中的安全隐患，我们主要进行了两个关键环节把控：一是严把食品安全关。一方面，所有野炊食材由幼儿园厨房统一采购，从幼儿伙食费中划拨食材经费，既做到专款专用，又能确保食材来源安全。另一方面，加强流程卫生监管。餐具、炊具、操作用具等确保安全、卫生。二是家长全程参与。每次活动面向家长招募义工（至少确保小班6人、中班5人、大班4人），向家长开放野炊活动的全过程。这样既能充分调动家长资源，又能争取家长理解、积极取得家长支持。

之所以坚持保留野炊活动，是因为我们坚信野炊过程有着比"吃"本身更大的价值与意义：

一是"从生活、为生活"，一顿柴火饭将幼儿置身于真实的生活情境，让他们走进生活，去感受食物背后的情感和温度，去追寻生活的本真。野炊活动过程蕴含着丰富的教育契机，我们不需要高难度的挑战和激烈的问题冲突情境，他们在生活中就能习得一切生活所需的"技能"，在合作完成一顿饭的过程中，潜移默化的还有朴实的生活态度和一颗热爱生活的心。

二是除了研究食材、捡拾柴火、择洗蔬菜，洗洗刷刷、摆弄餐具、看看灶火……体验各式劳动之外，幼儿共同完成一道"西红柿炒鸡蛋"的烹制，既是给予幼儿从食材到美食的直观经验传递，又是劳作之美的升华——这里面隐藏着的，也许正是我们对美好生活最原始的期待。

三是家长的参与，让我们突破了"家长是课程的重要资源"的"功能性"，让家长真正参与幼儿园课程建设，成为课程的建构者之一。野炊活动给予了家长进入幼儿园课程的有效路径，不再只是教育的旁观者。他们在真实的教育场域，与幼儿一起体验生活、一同分工合作，看到、听到、感受到幼儿真实的学习，行动本身便已是课程建构的开始。

〜 花果山的橘子红了 〜

> 班　　级：全园
>
> 持续时间：2019年11月22—29日

故事缘起

　　丰收是什么？丰收是田地里金黄的麦浪、是渔网中翻腾的大鱼、是付出汗水后的收获。对于孩子们来说，丰收就是幼儿园花果山上的橘子红了、杨桃黄了、甘蔗长高了。

　　每年的秋末时节，幼儿园都会举办一场为期三天的采摘节来迎接花果山的丰收。不同年龄的孩子会以不同的方式参与到采摘节的活动中，小班的孩子在草地上和彩虹伞做游戏，中班的孩子穿上自己最喜欢的衣服走秀，大班的孩子拿起口吹风琴演奏一曲庆祝丰收的乐章，在这场隆重的仪式中，孩子、老师和家长相聚在一起，共同感受花果山丰收的喜悦。

图11-1　橘子红了

图11-2　杨桃成熟了

小班：我知道的采摘节

对第一次参加采摘节的小班孩子来说，"采摘节"是什么呢？

宇恒说："采摘节是去种植园摘白菜、拔萝卜，然后回来煮着吃。"

原语说："采摘节应该是像过年一样很开心的节日，可以穿漂亮的裙子。"

麾麾说："采摘节是摘草莓，我和爸爸、妈妈就去摘过草莓。"

阳阳说："我觉得采摘节除了摘草莓，还可以摘其他水果。"

谦谦说："（采摘节）是大家在一起唱歌跳舞、吃很多好吃的东西。"

从孩子们的只言片语中，我们发现他们眼中的采摘节是一个关于收获、关于庆祝、关于美食的节日，为了让孩子们进一步了解采摘节，老师和他们一起去花果山上寻觅丰收的痕迹。

刚到山脚，孩子们便被橘子树上红彤彤的小橘子吸引住了。

谦谦说："哇，橘子都变红了，像小灯笼一样！"

"橘子熟透了都掉在地上了。"梓玮说着还从地上捡起了一个橘子。

一凡说："橘子肯定很甜。"

除了橘子，孩子们还发现了熟透的杨桃、比他们还要高的甘蔗、红红的火龙果……

麾麾问："老师，采摘节就是摘这些果子吗？"

老师说："是的，采摘节那天我们会一起摘水果，然后在草地上做游戏，最后大家一起分享水果。"

麾麾兴奋地说："原来采摘节有这么多有趣的活动呀，我好想明天就是采摘节。"

回到班级后，老师向孩子们展示了往年采摘节活动的照片和视频。原来采摘节是一个全园小朋友一起庆祝花果山丰收的节日。

图11-3　讨论：采摘节是什么？

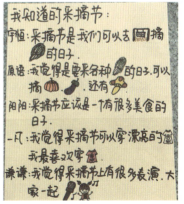

图11-4　孩子理解的采摘节

图11-5　去花果山上找水果

图11-6　发现树上的杨桃

中班：采摘节我最想做的事

第二次参加采摘节的中班孩子会有哪些新的想法呢？

楚晴说："去年老师抱着我摘了橘子，今年我想自己爬上梯子去摘。"

雅晞说："今年我们是中班的小朋友了，我们可以穿漂亮的衣服在采摘节上走秀。"

铭瑞说："今年的采摘节我们可以扮演成自己喜欢的角色，我决定穿消防员的衣服参加今年的采摘节。"

姚尧说："去年，妈妈和我一起准备了狮子造型的水果拼盘，今年，我准备做一个小猪样子的水果拼盘。"

依诺说："去年我摘到的橘子很酸，希望今年我摘到的橘子是甜甜的。"

芷萱说："我想多吃一点幼儿园的甘蔗，它比从超市买的甘蔗还要甜。"

苡辰说："去年我摘了橘子，今年的采摘节我想去摘杨桃、扛甘蔗。"

图11-7　讨论：采摘节想做的事情

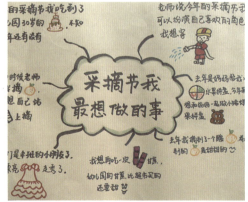

图11-8　采摘节我最想做的事

怀着心中的憧憬、携着未了的心愿，中班的孩子们按着自己的节奏计划着今年的采摘节，满怀期待地盼望着采摘节那一天快点到来。

大班：今年的采摘节我想这样过

升入大班，不仅意味着变成幼儿园里的大哥哥大姐姐，而且也意味着幼儿园生活接近了尾声，最后一次采摘节，大班的孩子们同样有着自己的打算。

佩仪说："今年采摘节我想带一些杨桃来，因为去年杨桃很快就摘完了，我想把杨桃挂到树上让大家摘。"

宛彤说："今年的采摘节我想和我的好朋友一起拍一张合照，纪念我们最后一次参加采摘节。"

振宇说："我想在采摘节上和所有的大班小朋友一起吹口吹风琴，这样一定会非常热闹。"

昱钧说："今年的采摘节我想闭上眼睛躺在草地上晒太阳。"

恒同说："我已经是大班的小朋友了，今年我想自己一个人扛一根甘蔗。"

一闲说："我想抱一抱橘子树，谢谢它给我们橘子吃。"

或尽情享受，或心怀感恩，或满怀期待，大班的每个孩子都在为最后一次采摘节做着特别的计划。

图11-9　讨论：今年的采摘节怎么过？　　　　图11-10　今年的采摘节我想这样过

采摘进行时

　　摘水果是采摘节的头等大事，从小班到大班，每个孩子都在为亲手摘下一个水果而想尽办法。在他们看来，只有亲手摘下水果的采摘节才是圆满的，那么这一次的采摘节，他们又会迸发出怎样的奇思妙想呢？

1. 我有一百种摘水果的方法

　　尚熹说："大家一起抱住果树用力摇，果子就会掉下来了。"

　　玥园说："我看到去年采摘节是老师抱着小朋友摘橘子。"

　　芷欣说："可以让邓老师把我们举起来，他很高而且力气大。"

　　苡辰说："橘子在很高的树上，我们可以准备高高的梯子，爬上梯子就能够得着水果了。"

　　辰辰说："用一根长长的棍子把杨桃和橘子都打下来，其他人在地上捡。"

　　梓煜说："我们还可以把树砍倒，这样就很容易摘了。"

　　隽月说："可以用网兜把水果网下来，这样水果就不会掉在地上摔坏。"

　　予然说："我可以爬到树上摘，我在老家就爬到树上摘过杨桃。"

　　各种有趣的摘果方法在讨论中产生了。"摘果"的兴趣在讨论中越来越浓，大家对采摘节的期盼也越来越强烈。

图11-11　讨论摘水果的方法

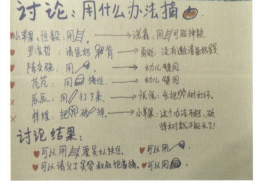
图11-12　一百种摘果的方法

2. 摘果子咯!

　　终于迎来了盼望已久的采摘节，孩子们已经迫不及待地要去大显身手了。

图11-13 出发摘水果（1）   图11-14 出发摘水果（2）

（1）老师抱着摘

梓玮说："哇，好高呀，老师抱着我感觉飞起来了。"

歆懿说："刚才老师把我抱那么高，手一伸就摘到了红红的橘子。"

麈麈说："邓老师力气可真大，我还想再来一次。"

桐桐说："我最喜欢老师抱着我摘橘子了。"

图11-15 老师抱着孩子摘杨桃   图11-16 老师抱着孩子摘橘子

（2）爬梯子摘

中大班的孩子更喜欢靠自己摘树上的果子，他们搬来了梯子，爬上梯子摘水果。

子桐说："梯子好高呀，我都不敢爬到最上面。"

彦坤说："我刚刚爬上梯子的时候，梯子有点晃，我的心都要跳出来了。"

予然说："站在梯子上我就变成了巨人，一伸手就摘到了橘子。"

图11-17　站在梯子上摘橘子（1）

图11-18　站在梯子上摘橘子（2）

（3）用网兜摘

站在梯子上也够不到高处的果子，网兜成了孩子们的好帮手。

依诺说："网兜太不听话了，我想往左边拧一拧，可是它就是拧不动，还好老师帮助了我们。"

悦依说："网兜好长，可以把树上很高很高的橘子网下来，我觉得发明这件工具的人很厉害。"

治辰说："网兜有点重，要很多人合作才可以抬起来。"

森元说："用网兜可不是一件容易的事情，要有大人帮助才行，小朋友可以用轻一点的网兜。"

振宇说："网杨桃的时候一定要先把杨桃网到网兜里面再扯下来，不然有可能网不下来。"

图11-19　用网兜摘水果（1）

图11-20　用网兜摘水果（2）

（4）爬到树上摘

孩子们的中间还隐藏着一些爬树高手，他们像小猴子一样，灵活地爬到树上摘水果。

予然说："我在老家爬过树摘过杨桃，我知道怎么爬树。"

培楠说："爬树很简单，只要紧紧地抓住树干就不会掉下来。"

雅楠说："爬到树上摘水果很快，我一下子就摘了六个橘子。"

图11-21　爬树上摘水果（1）

图11-22　爬树上摘水果（2）

（5）甘蔗怎么"摘"

麾麾说："这么高的甘蔗要怎么拿下来呀?"

谦谦说："是要像拔萝卜一样拔出来吗?"

花匠杨伯伯自有办法。看着杨伯伯用刀干脆利落地把甘蔗砍下来，孩子们不禁发出阵阵赞叹。

智恒说："杨伯伯力气好大，一下就把甘蔗砍断了。"

秋玥说："原来砍甘蔗要从最下面开始砍，甘蔗上面的叶子不能吃，所以杨伯伯把它们也砍掉了。"

振宇说："杨伯伯很厉害，等我长大了我也想亲手试一试。"

图11-23　看杨伯伯砍甘蔗（1）

图11-24　看杨伯伯砍甘蔗（2）

草地狂欢的时间就要到了，摘下来的水果要赶快运到草地才行，机智的孩子们想出了各种办法运送水果，篮子里、帽子里、口袋里都装满了果子，长长的甘蔗怎么运回去呢？振宇提议一起把甘蔗扛回去。

苗苗说："可是扛甘蔗不用那么多人，六个人就可以了。"

正南说："但是我们也很想扛甘蔗。"

振宇说："我们可以交换着扛，没有扛甘蔗的人可以拿橘子和杨桃。"

为了让每个人都能扛到甘蔗，孩子们采纳了振宇的办法，在孩子们眼中能够扛到甘蔗是一件幸运并且值得骄傲的事情。

图11-25　扛甘蔗

图11-26　抬甘蔗

图11-27　展示收集的橘子

图11-28　带着橘子回草地

草地上的狂欢

"生活要有仪式感"，庆祝丰收当然也需要一个隆重的仪式。水果盛宴开始前，每个年级的孩子以专属方式来庆祝花果山的丰收。

1. 小班: 缤果彩虹乐

小班的孩子和老师一起围在彩虹伞的四周，伴随着欢快的音乐节奏，与彩虹伞共同舞蹈。和煦温暖的阳光、绚丽的彩虹伞以及孩子们的欢声笑语共同描绘出一幅庆祝丰收的画卷。

图11-29　与彩虹伞游戏（1）　　　　　图11-30　与彩虹伞游戏（2）

图11-31　与彩虹伞游戏（3）　　　　　图11-32　与彩虹伞游戏（4）

2. 中班: 蛙趣百变秀

丰收的节日里，中班的孩子们和老师一起盛装出席，在红毯上自信大方地展现着自己。

图11-33　准备走秀

图11-34　走秀

3. 大班：草地音乐会

大班的孩子们先跟着老师的鼓点一起拍打着节奏，接着孩子们化身为小小音乐家，他们用口风琴谱写出一曲庆祝丰收的乐章。

图11-35　音乐会即将开始

图11-36　跟随节奏律动

图11-37　口风琴演奏（1）

图11-38　口风琴演奏（2）

4. 水果分享会

到了最激动人心的水果分享的环节，孩子们已经迫不及待地想用自己的嘴巴去感受秋天丰收的味道了。

谦谦吃了一口橘子说："哎呀，这个橘子怎么那么酸，酸得我都发抖啦！"

依诺说："幼儿园的橘子看起来黄黄的。"

芷萱说："幼儿园的甘蔗好甜啊，和去年一样甜。"

子烁说："甘蔗好硬啊，我嘴巴好痛。"

佑儒说："我们好像在开派对哦，还可以去别的班吃水果。"

宇峰说："哇，你看他们班还有一个小猪哈密瓜。"

图11-39　分享水果的孩子们（1）

图11-40　分享水果的孩子们（2）

图11-41　甜甜的甘蔗

图11-42　甘蔗有点硬

图11-43　花果山上的橘子好酸呀

图11-44　享受水果的美味

摘下来的水果的味道，变成了孩子们印象中花果山的味道、丰收的味道，是秋天里独一无二的味道。草地上，孩子们或躺在彩虹伞上，惬意地享受着阳光的温暖；或送给橘子树大大的拥抱，感谢它的馈赠。这一刻，丰收的喜悦在每一个人的脸上恣意绽放。

图11-45　把甘蔗的味道分享给大家

图11-46　和伙伴拍一张开心的合照

图11-47　把水果分享给焦园长

图11-48　把水果分享给张园长

"采摘节"我有话对你说

采摘节过后，孩子们有说不完的话想要分享。第一次参加采摘节的小班孩子、第二次参加采摘节的中班孩子和最后一次参加采摘节的大班孩子，他们对采摘节有着什么不一样的看法呢？

1. 今年的采摘节，你有怎样的感受？

辰逸说："采摘节太好玩了，好多人很热闹。"

谦谦说："采摘节就像开派对一样，大家一起玩游戏，还有很多水果吃。"

智忠说："彩虹伞游戏很好玩，我们在彩虹伞下面跳来跳去。"

城城说："杨伯伯砍甘蔗特别厉害，一下子就把甘蔗砍下来了。"

卷桐说："我摘到了一个橘子，我好开心。"

子桐说："采摘节最好玩的就是走秀了，我穿的是我最喜欢的公主裙，走在红毯上感觉很有趣。"

思齐说："采摘节不仅可以摘水果，而且可以玩游戏、吃水果，扮演我最喜欢的白雪公主，我想天天过采摘节。"

依诺说："采摘节的时候幼儿园的水果都成熟了，老师带我们去摘水果，我吃到了我最喜欢吃的橘子、甘蔗。"

启星说："我们一起吹口风琴就像在开大型的音乐会一样，我们都变成了音乐家。"

振宇说："最好玩的就是运水果了，我用帽子装了很多橘子和杨桃，帽子就像一个大袋子一样。"

静瑜说："明年我就要上小学了，我希望下学期幼儿园再举办一次采摘节。"

图11-49　梅咏珊《采摘节上跳舞的我》

图11-50　杨嘉慧《五彩缤纷的气球和甜甜的甘蔗》

图11-51　《我很开心参加采摘节》

图11-52　《摘到橘子的我很开心》

图11-53　张之禹《杨伯伯帮我们砍甘蔗》 　　　　　　图11-54　曾晨曦《采摘节上的走秀》

2. 你觉得什么是丰收？

麈麈说："丰收就是我们一起去把花果山上的橘子、杨桃摘回来吃。"

宇恒说："丰收是我们在一起分享好吃的水果。"

歆懿说："丰收就是藏在帽子里和口袋里的橘子。"

楚晴说："丰收就是花果山上的橘子红了，杨桃变黄了，甘蔗长高了。"

梓彤说："丰收应该是摘果子、吃水果、开开心心的意思，是一种快乐的感觉。"

依诺说："我们摘水果的时候树上有很多果实，这个就是丰收，是收获的意思。"

芷萱说："丰收就是果树结满了果子，每个人都有果子吃。是有好吃的东西的时候一起分享。"

奕希说："丰收就是秋天到了，种下去的东西都成熟了，我们把东西都摘回来，然后一起唱歌跳舞来庆祝。"

彦坤说："丰收就是我们吃在嘴巴里的杨桃的味道，甜甜的。"

骐玮说："丰收就是大家在一起庆祝的意思，庆祝大自然给我们的果实。"

图11-55　张芮涵《老师用网兜帮我们摘橘子》

图11-56　张云心《爬梯子摘水果很好玩》

图11-57　颜子隽《我眼中的采摘节》

图11-58　刘牧谦《采摘节上的水果》

图11-59　汤琼琳《甜甜的水果》

图11-60　朱芷墨《围着彩虹伞演奏口吹风琴》

　　孩子们有太多的话想要分享，如此丰富的感受汇集在一起，流淌出了一首关于采摘节的诗：

花果山的丰收节

阳光洒在脸上/空气中满是丰收的味道

杨桃很高/踮起脚尖也够不到

甘蔗很长/六个小朋友才刚刚好

一百种摘水果的方法/唯独喜欢老师抱起来的这一种

酸酸的橘子/甜甜的杨桃

落在竹篮里、藏在帽子里、躲在口袋里、塞进了嘴巴里

摸摸圆圆的肚子才发现/午饭的位置不见了

故事感悟

　　采摘节带给孩子们的不仅有喜悦和快乐，而且有对大自然馈赠的感恩。从园长巡山时发现红彤彤的橘子开始，到举办采摘节想法的萌发，再到现在内容丰富、层次分明的采摘节活动，让孩子在四季并不分明的深圳感受和体验秋天丰收的喜悦是我们举办采摘节活动的初心。而树上的橘子、地里的甘蔗、熟透了掉在地上的杨桃就是孩子们能够看到、摸到、品尝到的丰收成果。

　　孩子们摘水果时的千方百计、草地狂欢时的喜笑颜开、水果分享时的大快朵颐，让我们更加坚信采摘节活动的举办是正确的。活动开展至今，采摘节俨然成了幼儿园的一项传统项目，孩子们在与树、与果的亲密互动中，与自然的关系也在悄然间变得亲近而紧密。

〜 最特别的生日 〜

班　　级：全园
持续时间：2018年11—12月

故事缘起

　　11月，幼儿园迎来30岁生日。不同于往年，今年的30岁生日，我们准备用一场盛大的庆典来纪念幼儿园的重要时刻，讲述一次幼儿园别样的生日故事。在"30周年园庆"主题活动中，我们搭建了"舞台"，孩子依然是主角。30周年园庆会因孩子们的加入而有什么不一样的精彩呢？

小班：有爱的生日会

1. 30岁是一个大生日！

　　从9月开学起，老师在班级日历墙上记录了每个孩子的生日以及标记了同月孩子的生日。从"我的生日"到"朋友的生日"，孩子们对"集体过生日"有了进一步的认识。对于幼儿园的30岁生日，他们会有什么样的理解呢？

　　萱萱说："生日就是和小朋友过生日一样，30岁生日就是要过30个生日。"

　　于文说："长高一次就过一次生日，幼儿园长高了30次，所以也要过生日。"

　　尚琪说："每年都可以过生日，过完3岁的生日，还可以过4岁的。"

　　文文说："从妈妈肚子里生出来就可以过生日了，幼儿园生下来就有生日了。"

　　思冉说："我每年都过生日，30岁是一个大生日。"

　　苗苗说："生日要和家人一起过，我们就是幼儿园的家人。"

　　云菲说："庆祝生日要有朋友、有礼物、有蛋糕。"

子童说："30岁生日是幼儿园从小幼儿园变成大幼儿园了。可'园庆'是什么东西呢？是要庆祝大生日吗？"

骏阳说："园庆是一个'圆圆的'东西吗？"……

小班孩子天真无邪，园庆对他们来说就是一场隆重而盛大的"生日会"：有家人、有朋友、有蛋糕、有礼物。

图12-1 什么是生日？

图12-2 30年园庆可以做什么？

2. 最美味的"生日蛋糕"

幼儿园过生日，应该送什么样的礼物呢？对刚刚入园一个半月的小班孩子来说，经验告诉他们生日蛋糕必不可少。

骏阳说："这是我第一次和幼儿园过生日，我要画一个最美味的巧克力蛋糕送给幼儿园。"

清允说："我要送给幼儿园一个很高的草莓蛋糕，庆祝她30岁了。"

艺伊说："芒果奶油蛋糕是我最喜欢的，我希望幼儿园也喜欢。"

睿麟说："最好吃的蛋糕是'足球'蛋糕，我想做一个足球蛋糕送给幼儿园。过生日就是要一起分享自己最喜欢的东西。"

朱朱说："要在蛋糕上写'生日快乐'的牌子，我生日的蛋糕也写了。"

然然说："我要送给幼儿园很多Hello Kitty猫，祝幼儿园生日快乐。"

孩子们有的用画笔、有的用黏土、有的用颜料"做"出了自己认为最美味、最"有型"的生日蛋糕。小班孩子对幼儿园爱的表达很简单也很直接：把自己最喜欢的东西送给幼儿园准没错！他们单独为幼儿园做了一个"生日蛋糕"，而且每个班级还集体为幼儿园做了一个超级大"蛋糕"。

图12-3　芒果味的蛋糕

图12-4　"足球"蛋糕和"心形"蛋糕

图12-5　小一班"大蛋糕"

图12-6　小二班"大蛋糕"

图12-7　装饰在户外的"生日蛋糕"

图12-8　装饰在圆厅的"生日蛋糕"

3. 欢乐的生日会

各式各样的生日蛋糕装饰在幼儿园各个角落，处处洋溢着"过生日"的气氛。离园庆越来越近，经过商量，小班级组决定为幼儿园举办一场专属生日会。生日会当天，孩子们就像自己过生日一样，穿上漂亮的衣服，戴上生日帽，大家围在一起点蜡烛、唱生日歌、吃蛋糕，欢庆幼儿园30岁生日，感受集体生活的乐趣。

从为幼儿园做生日蛋糕，到举办幼儿园生日会，这群入园不到两个月的孩子用自己的方式给幼儿园过生日，用自己的语言表达对幼儿园的祝福，在这个过程中他们逐渐建立起对幼儿园的归属感。

图12-9　生日会上切蛋糕　　　　　　　图12-10　生日会现场

中班：最棒的生日礼物

1. 园庆是个重要的日子

睿睿说："'年'是年兽的意思，30周年说明幼儿园过了30年，园庆就是要庆祝幼儿园过了30年那么长。"

建文说："园庆是和国庆节一样重要的日子。全部幼儿园的人都要过。"

彦彦说："园庆的时候，我们要装扮幼儿园，要有很喜庆的感觉。"

嘉怡说："我们可以送一只小松鼠给幼儿园当生日礼物，幼儿园有好多松果。"

智坤说："要把环境重新布置，要比过生日还隆重。还要做贺卡，邀请爸爸妈妈来参加幼儿园的生日。贺卡上面写上'30'，一看就知道是30岁的生日。"

芷忻说："给幼儿园装饰得漂漂亮亮，我们小朋友还可以化妆和表演。"

宸杰说："必须挂气球，还有写上'生日快乐'的字挂起来，可以画上好看的画，做成小旗子挂起来，放在一楼操场每个人都可以看见。"……

园庆节日的气氛很重要，孩子们打算亲自为园庆布置环境，来表达自己对幼儿园的喜爱，他们的想法让人充满了欣喜与感动。

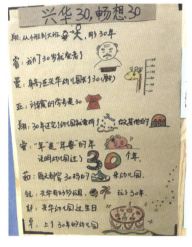
图12-11　孩子理解的30年

图12-12　讨论：园庆我们可以做什么？

2. 一个特别的任务

正当他们计划着如何为园庆布置环境时，园长布置了一个特别的任务——为幼儿园设计吉祥物。由于中班的孩子还没有关于吉祥物的经验，接到任务时，大家都很疑惑。

建文说："吉祥物是什么呀？"

思齐说："吉祥物会不会是一句好听的话呢？"

圆圆说："幼儿园要过生日，我猜吉祥物是一个很好的礼物，焦园长一定是希望我们送一个特别的礼物给幼儿园。"

……

吉祥物是不是大家所理解的意思呢？老师给孩子们布置了亲子作业：和爸爸妈妈一起查一查吉祥物的资料。

3. 原来，吉祥物是……

第二天，孩子们都带回了关于吉祥物的资料，建文带来了福娃，思齐带了深圳大运会的吉祥物，圆圆和慧敏带来了世界杯的吉祥物。

建文说："北京奥运会的吉祥物福娃一共有五个，贝贝是鱼，晶晶是熊猫，欢欢是一个火娃娃，迎迎是藏羚羊，妮妮是燕子，只有欢欢不是动物，它们连着读是'北京欢迎你'的意思。"

思齐说："深圳大运会吉祥物是一个'UU'，它代表欢乐的意思。"

慧敏说："2018年世界杯的吉祥物是一只狼，代表着'进球者'，就是会拿到分的意思。"

圆圆说："我查到的吉祥物是第一届世界杯的'狮子'，它很活泼可爱。"

老师说："噢，吉祥物既可以是动物，也可以是其他东西，比如深圳大运会的吉祥物是字母。你们还有什么其他发现吗?"

嘉瑞说："这个'U'的造型胖乎乎的，看起来很可爱。"

思齐说："福娃也超可爱的。"

老师说："嗯，吉祥物有可爱的造型，还有美好的寓意，而且大家都很喜欢。如果我们要设计幼儿园的吉祥物，那就要考虑好造型和代表的寓意。"

图12-13　分享我了解到的吉祥物（1）　　　　图12-14　分享我了解到的吉祥物（2）

4. 我要为幼儿园设计一个吉祥物

知道吉祥物是什么后，孩子们跃跃欲试："设计吉祥物听起来也不难啊，我们肯定能设计一个大家都喜欢的吉祥物。"

老师问："你们打算设计什么样的吉祥物?"

慧敏说："我想设计长颈鹿作为我们的吉祥物，因为长颈鹿的脖子很长，可以保护小朋友。"

隽钧说："我觉得青蛙好，因为幼儿园有很多蚊子，青蛙可以吃蚊子，这样就不会有蚊子咬我们了。"

圆圆说："幼儿园有很多的松果，松鼠最适合当幼儿园的吉祥物。"

思齐说："我希望吉祥物是猴子，因为幼儿园有一座花果山。"

建文说："我画兔子，兔子和幼儿园的小朋友一样可爱。"

语嫣说："我想设计鸭子作为我们的吉祥物，因为鸭子的眼睛和小朋友的眼睛很像，都是黑色的。"

……

老师说："这些想法都很有意思，你们就按照自己的想法选择材料去设计吧。"

孩子们设计出了很多有意思的吉祥物形象：有倒挂在树上的猴子，正在草地上爬行的乌龟，还有蹦蹦跳跳的兔子，正在吃蚊子的青蛙……怎么从这么多吉祥物里选出一个呢？大家决定进行全班投票。

经过班级投票，每个班都选出了一个吉祥物。中一、中三和中七班选出来的都是

图12-15 《爱吃蚊子的青蛙》

图12-16 《花果山上的猴子》

图12-17 《蹦蹦跳跳的兔子》

图12-18 《在草地上爬行的乌龟》

图12-19 中一班投票结果

图12-20 中六班投票结果

图12-21　中二班投票结果　　　图12-22　中四班投票结果　　　图12-23　中五班投票结果

爱吃蚊子的青蛙；中二班是可爱的兔子；中四班是爱游泳的鸭子；中五班是懒洋洋的乌龟；中六班是会爬树的猴子。

5. 全园投票——吉祥物诞生啦

五个吉祥物哪一个才能作为幼儿园的吉祥物呢？幼儿园的吉祥物当然需要全园小朋友参与投票选择啦！经过全园投票，爱吃蚊子的青蛙获得的票数最多，当选为幼儿园的吉祥物。孩子们对这一结果十分满意。

瑜心说："我选的就是青蛙，因为青蛙是益虫，可以吃蚊子，我们去草地玩就不会被蚊子咬了。"

舒文说："青蛙是很神奇的，它是从小蝌蚪长成的，它会变身呢。"

钰婷说："青蛙帮我们消灭害虫保护庄稼。我觉得幼儿园的吉祥物就应该是青蛙。"

振彦说："我选青蛙是因为我很喜欢青蛙大大的眼睛。"

梓桐说："青蛙蹦蹦跳跳的，很可爱。"

宸瀚说："青蛙的颜色是绿色的，幼儿园二楼也有一块绿色的草地。"

凯森说："青蛙'呱呱'叫，声音很响亮。"

吉祥物还应该有一个好听的名字，大家还为青蛙取了名字"呱呱"：呱呱既是青蛙的叫声，又寓意着每个小朋友都"顶呱呱"。孩子们出色地完成了为幼儿园设计吉祥物的任务，青蛙"呱呱"既体现了幼儿园的自然特色，又深受大家喜欢。在园庆的"舞台"上，孩子们的表现令我们十分惊喜。

图12-24　到大班、小班宣传

图12-25　孩子们正在投票

吉祥物统计			
名称	小班级	大班级	总计	结果
兔子	42	38	80	
猴子	38	53	91	
青蛙	57	103	160	✓
乌龟	25	20	45	
鸭子	46	44	90	

图12-26　统计投票结果

图12-27　投票完毕

图12-28　制作"青蛙"

图12-29　户外草地上的"青蛙"

大班：探寻幼儿园30年变迁

1. 30岁生日要认真过

对大班孩子来说，"30岁"意味着什么呢？

须直说："幼儿园30岁了，我妈妈也是30岁呢。"

睿希说："幼儿园肯定已经长大了，所以要过30岁生日了。"

俊荣说："30岁就是30年，30年有多长呢？"

轩淇说："我们从小班到大班经历了30周年。"

子楷说："我觉得应该是幼儿园有30个班。"

蓝兰说："30年就是有30个小朋友在幼儿园读了30年。"

子夏说："我觉得是兴华幼儿园经历了30年那么久。"

裕圆说："幼儿园像家一样温暖，30岁生日一定要认真过。"

老师问："你们打算怎么为幼儿园庆祝30岁生日呢？"

乐壹说："我可以用毛笔写大大的'30岁生日快乐'送给幼儿园。"

嘉乐说："我们可以把幼儿园从1岁到30岁的照片都贴出来，这样从1岁到现在的照片都可以被看到了。"

景腾说："可以在一个地方挂上每个班小朋友的集体照，这样大家都可以陪幼儿园一起庆祝生日了。"

煜轩说："我们可以去木工区做很多漂亮的房子，幼儿园是我们的第二个家呢。园庆的时候可以用房子作为装饰。"

图12-30 孩子眼中的30年

图12-31 讨论如何给幼儿园庆祝生日

佳林说："幼儿园里有很多树，我们可以用树的材料做很多礼物给幼儿园。"

"30周年园庆"既是幼儿园30岁生日的纪念日，又是兴华人共同欢庆的重要时刻。时间是裹挟世上所有东西向前而无法后退的绝对力量，幼儿园30年走过的路，值得我们带着孩子一起回味寻思、一起精心筹备、一起共同庆祝。

2. 幼儿园的30岁，我想知道……

对大班孩子来说，生活了3年的幼儿园是他们再熟悉不过的地方了，可是幼儿园以前是什么样的呢？他们充满了疑问。

名俊说："幼儿园是哪年哪月建起来的？"

旷然说："幼儿园以前是什么样子的？有没有花果山？"

艺琳说："以前的教室是什么样子的？都有一些什么玩具？"

星霓说："以前的幼儿园是不是有很多小朋友？"

奕橙说："我还想知道以前小朋友的园服和我们的园服是不是一样的。"

语宸说："焦园长一直都在这里工作吗？幼儿园是不是她建的？"

老师一边倾听，一边一一记下孩子们的问题。显然，他们对幼儿园的故事充满了好奇。

图12-32 幼儿园30岁，我想知道……

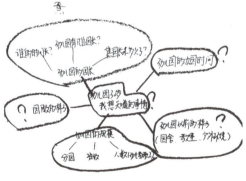

图12-33 老师整理的问题网

3. 怎么寻找答案呢？

老师问："你们有什么办法可以找到答案？"

罗育说："我们可以上网查一查资料。"

名俊说："我们可以去幼儿园的资料室找资料，那里有很多幼儿园的资料。"

黄锋说："我爸爸以前就是在这里读的，我可以回去问问他。"

博荣说："我们去采访园长吧，她肯定什么都知道。"

老师说："这些办法听起来都可行，你们可以去试一试！"

孩子们分头行动起来，有的回家和爸爸妈妈上网查找资料，有的去资料室，有的正打算列好采访问题单去采访园长，老师联系了黄锋爸爸，打算邀请他来给孩子们讲讲他和幼儿园的故事。

图12-34　去资料室找资料

图12-35　采访焦园长

4. 分享：我们找到的答案

接下来的三天，孩子们都在用自己的方式寻找答案。三天后，他们陆陆续续带回了很多资料：有历届毕业生的毕业合照，有采访园长的记录单，有从网上查到的幼儿园简介等。

（1）以前的幼儿园是一个什么样的幼儿园？

须直说："以前只有6个班，180位小朋友，我感觉以前的幼儿园可能有点小（现在21个班，722位小朋友）。"

旷然说："以前花果山上的树看起来矮矮的，夏天出去玩的时候没有大树遮阳，可能会很热。"

玮轩说："花果山看起来也没有现在的高，应该很容易爬上去。"

一铭说："以前一楼操场很小，也没有30米跑道，可能小朋友星期一的时候不用升旗，因为地方太小了。但是沙池看起来很大，可能大家是一块儿出去玩沙子的。"

佳林说："以前的草地光秃秃的，没有很多草，下雨天肯定可以玩跳泥坑的游戏。"

景腾说："以前草地上没有小木屋，大家户外活动玩累了没有地方休息。"

子谦说："教室里的桌子是梯形一样的形状，可以拼成圆形，他们用桌子就可以玩拼接的游戏。"

从分享中可以看出，孩子们看待问题有自己独特的视角。在评价一所幼儿园时，比起"漂不漂亮"，他们更关注"好不好玩"和"可以怎么玩"。

（2）30年有多长呢？

老师问："原来幼儿园30年发生了这么多变化，你们觉得30年有多长？"

林阳说："我觉得30年可以把小屋变成高楼。"

铭媛说："30年就是花果山的树长高了、长大了。"

子瑜说："30年可以让幼儿园从180个小朋友变成了722个小朋友！"

子夏说："30年还可以是3个班变成了21个班。"

晞雅说："30年就是一颗小种子长成一棵椰子树。"

乐壹说："30年幼儿园的园长都换了4个呢，30年肯定很长很长。"

兴钰说："30年像长城一样长。"

轩琪说："我觉得30年可以发生很多很多事情。"

……

时间是一个很抽象的概念，连我们成人也未必能很好地描述。通过探寻幼儿园30年变迁，孩子们似乎对时间有了些许感性的理解。

（3）以前的幼儿园和现在的幼儿园更喜欢哪一个？

星霓说："我更喜欢现在的幼儿园，因为我们的教室里有很多玩具，在教室里玩区域活动太有意思了。"

奕橙说："我也喜欢现在的幼儿园，因为我觉得现在的蓝色礼服很好看，我也想设计一套这样的连衣裙。"

俊隽说："我也喜欢现在的幼儿园，因为从幼儿园的门口可以看到教学楼像城堡一样漂亮。"

林阳说："我喜欢现在的幼儿园，现在的幼儿园有我的朋友。"

裕圆说："以前的大型器械没有这么大，我很喜欢现在的大型器械。"

宇贤说："以前种下的果树现在结果了，采摘节的时候我们可以摘水果，所以我更喜欢现在的幼儿园。"

图12-36 孩子们的访谈记录

图12-37 开园时间

图12-38 《花果山的果树长大了》

图12-39 《我喜欢现在的大型器械》

图12-40 《现在的教室有很多好玩的玩具》

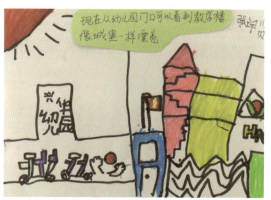

图12-41 《教学楼像城堡一样》

图12-42 《我喜欢现在蓝色的园服》

图12-43 《花果山定向越野游戏很好玩》

5. 时光长廊

为了让更多人了解幼儿园的变化，老师和孩子们打算用"时光长廊"的方式将搜集到的资料展示出来。幼儿园还邀请了家长一起参与到"时光长廊"设计和制作当中来。

历时一周，"时光长廊"终于完工，从一张张泛黄的照片中，我们能感受幼儿园30年来的发展与变化，体验时间走过的痕迹。相信此时，孩子们心里一定已经烙下了时间的印记。

图12-44　给树轮片上色（1）

图12-45　给树轮片上色（2）

图12-46　家长和孩子正在悬挂树轮串

图12-47　"时光长廊"完工

探寻幼儿园30年的发展变迁，孩子们不断积累且丰富着对幼儿园的认知，也不断发掘并感受着现在幼儿园的好，他们对幼儿园情感和爱的厚度也在一点点累积。

畅想30年：未来的幼儿园和未来的我

1. 30年后的幼儿园

再过30年，幼儿园会是什么样子呢？

黎阳说："幼儿园会有很多很多的小朋友，比现在还要多。"

岳欣说："30年后幼儿园会越来越大，有很多很多的楼。"

艺涵说："30年后幼儿园会有很多树，小朋友像在森林里玩。"

子洋说："30年后幼儿园的二楼草地会变成水上乐园。"

梓仪说："以后的幼儿园会有很大的秋千，全班的小朋友都可以坐在上面玩。"

郭莱说："以后会有很多个班，还有30米长的滑滑梯，楼上的小朋友可以直接坐滑滑梯滑下来。"

朱岐说："未来的幼儿园会有传送带，可以直接送我们去教室。"

欧阳说："30年后的幼儿园像城堡一样漂亮，器械和玩具越来越多。"

晓洁说："30年后的幼儿园可以移动，教室是带轮子的，像一辆校车能带我们去郊游。"

星怡说："我觉得以后的幼儿园会变颜色，你喜欢什么颜色，它就会变成什么颜色。"

煜涵说："未来幼儿园可能会开到别的星球。"

图12-48 陈艺涵《有很多树，像在森林里》

图12-49 黎阳《会有很多小朋友》

图12-50 柯予然《幼儿园变成了城堡》

图12-51 赖芷昕《有一个超级大的滑滑梯》

图12-52　蓝朱岐《有传送带》

图12-53　陈煜茵《可能会开到别的星球》

　　孩子们对未来的幼儿园各种天马行空的想象，有写实的，有浪漫的，有科幻的，这些想象也点燃了我们对未来幼儿园的期待，说不定在未来他们的想法都成真了呢。

2. 30年后的我

　　30年后，"我"又会变成什么样子呢？

　　珊珊说："30年后，我会变成一个很漂亮的妈妈，每天都穿高跟鞋去上班。"

　　艺涵说："现在我有两条辫子，30年后我只有一条长长的马尾，长得也比现在高了。"

　　涛涛说："30年后我是一名交通警察。"

　　其乐说："30年后我是宇航员，坐火箭去外太空、去月球旅行。"

　　婉然说："30年后，我是音乐家，唱歌给爸爸、妈妈听。"

　　程路说："30年后我长高了，越来越像爸爸了，我会像爸爸一样每天很努力工作。"

　　球球说："我会变得越来越胖，因为我太喜欢吃了。"

　　宇萱说："30年后，我是一名舞蹈家，教小朋友们跳舞。"

　　玥君说："30年后，我的宝宝会在兴华幼儿园读小一班。"

　　雨桐说："30年后我长大了肚子里会有宝宝了。"

　　辰傲说："30年后，我就要找工作上班啦，以后我也会用电脑上班。"

　　金怡说："30年后我成了一名医生，样子比以前更漂亮了，身材有点胖胖的，也像妈妈一样染发了。"

　　潇月说："30年后，我要回兴华幼儿园当老师，教很多很多小朋友，就像现在的范老师一样。"

　　廖然说："30年后，我有了工作，我还会经常回兴华幼儿园看一看。"

图12-54　《我长得比现在高》

图12-55　《交通警察》

图12-56　《我是宇航员》

图12-57　《舞蹈家》

图12-58　《变成了爸爸的样子》

图12-59　《变成音乐家》

图12-60　《我可能有了宝宝》

图12-61　《我用电脑上班了》

图12-62　《我会成为一名医生》

图12-63　《我成了美容师》

图12-64　《我工作了还会回兴华看看》

图12-65　《我成了兴华幼儿园的老师》

故事感悟

　　幼儿园30岁生日因有了孩子的加入变得格外特别。园庆不再是一场对过去的简单总结和展示，而是一个关乎情感、爱和祝福，极具教育和纪念意义的仪式。作为幼儿园的小主人，幼儿积极、投入地参与到为幼儿园庆祝生日的各项活动中，从为幼儿园准备"生日蛋糕"，到为幼儿园设计吉祥物，再到探寻幼儿园30年的发展变迁，他们越参与，越投入，与幼儿园的关系就越紧密。当他们表示"毕业后要多回幼儿园看看""希望以后自己的宝宝也能回幼儿园读小一班""长大后我要回兴华幼儿园做一位老师"时，我们内心总是充满着欣喜和感动：还有什么能比孩子们这些真实、朴实的肯定来得更珍贵呢？

"儿童是无价的劳动力"，这是我们自己的儿童观、教育观的综合体现。我们主张让幼儿劳动、工作、探索，能经儿童之手完成的事情绝不借成人之手。儿童是主动的学习者，他们拥有巨大的潜能，在游戏、生活、工作中可以成为自我调控的学习者。儿童的价值不可估量，"去做的力量、去想的力量、去感受的力量以及去理解、去表征和表达的力量"……他们的成果远比我们预期的效果更令人惊叹。无论是生活，还是教育，我们都不约而同地强调一个重点——让幼儿通过自己的努力成为更好的自己。

30周年园庆主题活动让我们看到了生活本身所蕴含的价值与意义，也引起了我们对"课程"、对"生活"的思考——课程与生活是一种什么样的关系呢？

从对课程、对生活的理解当中，我们总结了两个观点：一是课程源于生活、一日生活皆具教育意义。真实的事件往往能激发幼儿的好奇与兴趣。基于真实的环境、真实的事件，完成真实的任务、达到真实的教育目的，这是我们对课程应具备真实意义的坚持。而事实上，因为"真实"，课程才更富有活力和张力。

二是生活是课程的归宿。幼儿通过课程不断建构起对周围世界的认知，在课程中学习着如何更好地生活。在真实的生活里，他们经历着大量真实的体验，通过有意义的学习来获取真实的经验，在真实生活情境中不断学习处理自己与环境的关系、与自己的关系、与他人的关系，从而获得有用的生活技能、形成积极的生活态度。这也是我们培养"学会生活"的人的基本途径。

　　本书是对我们兴华幼儿园32年课程的实践与探索、对幼儿教育核心价值观的坚守与探索的思考结果。兴华幼儿园课程建设以儿童身心发展规律和学习特点为前提，以生活为基础，充分利用园所、社会、自然及人文资源，选择适宜的学习内容，以亲近自然、直接感知、亲手操作、亲身体验为途径，不断支持、引导、支撑儿童的学习，从而让儿童获得不同发展领域的经验，成长为"更好的我"。书中的故事发生在兴华文化的土壤上，来自兴华师生的共同生活，是我们驻足聆听、悉心记录的成果。它们生动地诠释和展现了在兴华文化熏陶下形成的童年形象，它们看起来很简单，但是又很特别，每个故事无不有一个特点——在活动中，幼儿始终是一个充满可能性的主动探究者。

　　"始于喜悦、终于智慧"，好的课程一定是"有思想的课程"，它应该具有使命感和责任感。有思想的课程，绝不是一种固定的框架，而应是一个持续发展的动态过程。我们在构建园本课程中反复思考"到底什么是最重要的"，并坚持不懈地将其落实到课程实践中。作为一所幼儿园质量发展的核心，课程是什么，它什么时候产生，如何成型，如何在儿童生命中发挥积极效用？……这些问题很基本、很原始，我们不断自问自省，依然在探索中前行。